Coleção Eu gosto m@is

CÉLIA PASSOS

Cursou Pedagogia na Faculdade de Ciências Humanas de Olinda – PE, com licenciaturas em Educação Especial e Orientação Educacional. Professora do Ensino Fundamental e Médio (Magistério) e coordenadora escolar de 1978 a 1990.

ZENEIDE SILVA

Cursou Pedagogia na Universidade Católica de Pernambuco, com licenciatura em Supervisão Escolar. Pós-graduada em Literatura Infantil. Mestra em Formação de Educador pela Universidade Isla, Vila de Nova Gaia, Portugal. Assessora Pedagógica, professora do Ensino Fundamental e supervisora escolar desde 1986.

5º ANO – ENSINO FUNDAMENTAL

GEOGRAFIA

4ª edição
São Paulo
2020

IBEP

Coleção Eu Gosto Mais
Geografia 5º ano
© IBEP, 2020

Diretor superintendente	Jorge Yunes
Diretora adjunta editorial	Célia de Assis
Coordenadora editorial	Adriane Gozzo
Assessoria pedagógica	Valdeci Loch
Editora	Soraia Willnauer
Assistente editorial	Selma Gomes
Revisores	Denise Santos, Janaína Silva, Jaci Albuquerque e Cássio Pelin
Secretaria editorial e processos	Elza Mizue Hata Fujihara
Coordenadora de arte	Karina Monteiro
Assistente de arte	Aline Benitez e Lye Longo Nakagawa
Assistentes de iconografia	Victoria Lopes, Irene Araújo e Ana Cristina Melchert
Ilustração	José Luís Juhas, Dawidson França, Mw Ed. Ilustrações, Lu Kobayashi, J. C. Silva/ M10, Anderson de Oliveira Santos, Fábio/Imaginário Studio, Eunice/Conexão, Imaginário Studio e Ulhôa Cintra
Assistente de produção gráfica	Marcelo Ribeiro
Projeto gráfico e capa	Departamento de Arte - Ibep
Ilustração da capa	Manifesto Game Studio/BoxEdea
Diagramação	ED5/Formato Comunicação

CIP-BRASIL. CATALOGAÇÃO NA PUBLICAÇÃO
SINDICATO NACIONAL DOS EDITORES DE LIVROS, RJ

P32e
4. ed.

Passos, Célia
　　Eu gosto mais : geografia : 5º ano : ensino fundamental / Célia Passos, Zeneide Silva. - 4. ed. - São Paulo : IBEP, 2020.
　　　: il.　　　　　　　　(eu gosto mais)

　ISBN 978-65-5696-018-0 (aluno)
　ISBN 978-65-5696-019-7 (professor)

1. Geografia - Estudo e ensino (Ensino fundamental). I. Silva, Zeneide. II. Título. III. Série.

20-64033　　　　　　　　　　　　　　CDD: 372.891
　　　　　　　　　　　　　　　　　　　CDU: 373.3.016:91

Meri Gleice Rodrigues de Souza - Bibliotecária CRB-7/6439
20/04/2020　　22/04/2020

4ª edição – São Paulo – 2020
Todos os direitos reservados

IBEP

Rua Gomes de Carvalho, 1306, 12º andar, Vila Olímpia
São Paulo - SP - 04547-005 - Brasil - Tel.: (11) 2799-7799
www.editoraibep.com.br editoras@ibep-nacional.com.br

APRESENTAÇÃO

Querido aluno, querida aluna,

Elaboramos para vocês a **Coleção Eu gosto m@is**, rica em conteúdos e atividades interessantes, para acompanhá-los em seu aprendizado.

Desejamos muito que cada lição e cada atividade possam fazer vocês ampliarem seus conhecimentos e suas habilidades nessa fase de desenvolvimento da vida escolar.

Por meio do conhecimento, podemos contribuir para a construção de uma sociedade mais justa e fraterna: esse é o nosso objetivo ao elaborar esta coleção.

Um grande abraço,

As autoras

SUMÁRIO

LIÇÃO — **PÁGINA**

1 — Brasil: o nosso país — 6
- O Brasil no mundo 8
- O Brasil na América do Sul 11
- Divisões do Brasil 15

2 — A população do Brasil — 19
- A vinda de imigrantes 21
- Os fluxos de população 22
- A população atual do Brasil 25
- Imigrações atuais no Brasil 30

3 — Brasil: aspectos econômicos — 32
- A agricultura 33
- A pecuária 34
- A tecnologia no campo 38
- A indústria 39
- A agroindústria 40
- Indústrias de transformação 42
- O comércio 44
- Os serviços 47
- Interação campo e cidade 48

4 — Brasil: Região Norte — 52
- Divisão política 53
- Aspectos físicos 56
- Aspectos econômicos 60
- Aspectos humanos 65
- A comunidade ribeirinha 66
- Aspectos culturais 67

LIÇÃO		PÁGINA

5 **Brasil: Região Nordeste** — **72**
- Divisão política 73
- Aspectos físicos 76
- Aspectos econômicos 81
- Aspectos humanos 85
- Aspectos culturais 85
- Quilombolas 86

6 **Brasil: Região Centro-Oeste** — **92**
- Divisão política 93
- Aspectos físicos 95
- Aspectos econômicos 98
- Aspectos humanos 103
- Aspectos culturais 103
- Povos indígenas 104

7 **Brasil: Região Sudeste** — **109**
- Divisão política 109
- Aspectos físicos 111
- Aspectos econômicos 115
- Aspectos humanos 119
- Aspectos culturais 119
- A cultura caiçara 122

8 **Brasil: Região Sul** — **127**
- Divisão política 128
- Aspectos físicos 130
- Aspectos econômicos 133
- Aspectos humanos 136
- Aspectos culturais 137

LIÇÃO 1

Brasil: o nosso país

O Brasil é um país de dimensões continentais e cultura bastante diversificada.

Neste livro você terá oportunidade de conhecer, com mais detalhes, diversas características de nosso país.

Na imagem ao lado é possível observar uma representação da diversidade existente em nosso país, seja no relevo, na vegetação, na fauna ou nas construções.

ATIVIDADES

Observe a imagem e responda às questões a seguir.

a) Que elementos da paisagem brasileira presentes na ilustração você conhece?

b) Algum deles se localiza onde você mora? Qual?

O Brasil no mundo

O Brasil tem uma extensa área territorial. De acordo com o Instituto Brasileiro de Geografia e Estatística (IBGE), essa área corresponde a 8 514 876 km², que equivalem a 1,7% das **terras emersas** do planeta. Por causa disso, costuma-se dizer que o Brasil é um país de dimensões continentais, ou seja, é tão extenso que ocupa quase um continente inteiro.

Também segundo o IBGE, em relação aos outros países, o Brasil ocupa o 5º lugar do mundo em extensão territorial. Ele fica atrás apenas de Rússia (17 098 240 km²), Canadá (9 984 670 km²), Estados Unidos (9 632 030 km²) e China (9 598 089 km²), sendo que na área total dos Estados Unidos estão incluídos o Alasca (localizado mais ao norte, junto ao Canadá) e as ilhas do Havaí.

Veja a localização desses países no mapa a seguir.

> **VOCABULÁRIO**
>
> **terra emersa:** terra que não está coberta pelas águas de rios, lagos e oceanos, ou seja, que está acima das águas.

PAÍSES MAIS EXTENSOS DO MUNDO

Rússia	17 098 240 km²
Canadá	9 984 670 km²
China	9 598 089 km²
Estados Unidos	9 632 030 km²
Brasil	8 514 876 km²

Fonte: *Atlas geográfico escolar*. 6. ed. Rio de Janeiro: IBGE, 2012. p. 34.

É possível localizar o Brasil em uma representação da Terra por meio de diversas referências. Por exemplo, pode-se dizer que nosso país está localizado no Hemisfério Ocidental, ou seja, a oeste do Meridiano de Greenwich.

Outra referência é o fato de que o Brasil é o maior país da América do Sul, ocupando 47% de sua área total.

Ainda é possível indicar que cerca de 93% do território brasileiro está localizado no Hemisfério Sul e cerca de 7% dele está no Hemisfério Norte. Essa localização é estabelecida pela linha imaginária do Equador, o principal paralelo terrestre. Ele atravessa o território do Brasil, cortando os estados do Amazonas, Pará, Amapá e de Roraima.

Além da linha do Equador, o Brasil também é cortado por outro paralelo importante: o Trópico de Capricórnio, que atravessa os estados do Mato Grosso do Sul, Paraná e de São Paulo. Esse fato configura outra característica quanto à localização do Brasil: a maior parte de seu território está situada na Zona Tropical (cerca de 92%); o restante (por volta de 8%) localiza-se na Zona Temperada do Sul.

Essas características de localização do território brasileiro resultam em uma grande variedade de climas, vegetações, formas de relevo e diferentes fusos horários.

Pontos extremos do Brasil

Considerando os pontos cardeais, podemos afirmar que o território brasileiro apresenta quatro pontos extremos. São eles:

- Ao Norte – nascente do Rio Ailã, no Monte Caburaí, estado de Roraima;
- Ao Sul – Arroio Chuí, no estado do Rio Grande do Sul;
- A Leste – Ponta do Seixas, no estado da Paraíba;
- A Oeste – nascente do Rio Moa, na Serra Contamana, estado do Acre.

BRASIL: PONTOS EXTREMOS

Fonte: *Atlas geográfico escolar*. 6. ed. Rio de Janeiro: IBGE, 2012. p. 91.

A distância entre os pontos extremos de norte ao sul é de cerca de 4 394 km, enquanto a distância entre os extremos de leste a oeste é de cerca de 4 319 km. Observe cada um desses pontos no mapa acima.

ATIVIDADES

1 Marque um **X** na posição que o Brasil ocupa no mundo em relação a sua extensão territorial.

☐ 1º lugar   ☐ 4º lugar

☐ 2º lugar   ☐ 5º lugar

☐ 3º lugar

2 Quais países são mais extensos que o Brasil?

_____

3 Imagine que você encontrou um turista que lhe pediu informações sobre características da localização do Brasil. O que você diria a ele?

_____

_____

4 Escreva **C** para as frases corretas e **E** para as frases erradas. Depois, corrija e reescreva as frases erradas no caderno.

☐ A grande variedade de climas, vegetações e diferenças de fusos horários em nosso país deve-se à sua extensão e às características de sua localização.

☐ Por estar localizado em sua maior parte no Hemisfério Sul, o Brasil não apresenta variedade de clima nem de vegetação.

☐ O Brasil não pode ser chamado de país continental, pois suas dimensões são muito pequenas para isso.

☐ Por terem territórios menos extensos que o do Brasil, Rússia e Estados Unidos caberiam dentro do nosso país.

5 Observe novamente o mapa da página 9. Qual dos pontos extremos do território brasileiro está mais próximo de onde você vive?

_____

O Brasil na América do Sul

O continente americano pode ser dividido de diferentes maneiras. Uma dessas divisões, denominada divisão política, o organiza em América do Norte, América Central e América do Sul, como você pode observar no mapa ao lado.

Olhando novamente o mapa desta página, você perceberá que o Brasil está localizado na América do Sul.

A América do Sul possui uma área de 17 819 100 km². Sua população é de aproximadamente 393 milhões de habitantes, em grande parte composta de descendentes de grupos indígenas e imigrantes europeus e africanos.

Os países que formam a América do Sul são: Argentina, Bolívia, Brasil, Chile, Colômbia, Equador, Guiana, Guiana Francesa, Paraguai, Peru, Suriname, Uruguai e Venezuela.

AMÉRICA: DIVISÃO POLÍTICA

Fonte: *Atlas geográfico escolar*. 6. ed. Rio de Janeiro: IBGE, 2012. p. 34.

Você sabe em qual continente está localizado o Brasil?

Na porção sul da América, assim como em outros continentes, há locais que abrigam um grande número de pessoas, configurando áreas muito populosas. Entre essas áreas estão São Paulo, Lima, Bogotá, Rio de Janeiro, Santiago, Caracas, Buenos Aires, Brasília.

Mas há também diversos locais do território nos quais o número de habitantes é muito pequeno. São, por exemplo, as áreas da Floresta Amazônica (que se localiza, em sua maior parte, no Brasil), do Deserto do Atacama (no Chile) e da Patagônia (localizada, em sua maior parte, na Argentina).

Área pouco populosa na região Amazônica em 2014.

Área pouco populosa na Patagônia. Argentina, 2014.

O território brasileiro faz **fronteira** com a maioria dos países da América do Sul. Observe:
- Norte (N) – Venezuela, Guiana, Suriname, Guiana Francesa;
- Noroeste (NO) – Colômbia;
- Oeste (O) – Peru e Bolívia;
- Sudoeste (SO) – Paraguai e Argentina;
- Sul (S) – Uruguai.

Observando novamente o mapa da página 11, você notará que, na América do Sul, o Brasil só não faz fronteira com Chile e Equador.

VOCABULÁRIO

fronteira: faixa territorial entre duas unidades administrativas, por exemplo, dois países.

ATIVIDADES

1 Analise o mapa **América: divisão política** (página 11). Com base nas informações do texto e na leitura do mapa, complete as frases.

a) O continente americano pode ser dividido politicamente em três partes:

_____, _____ e _____.

b) O Brasil localiza-se na _____.

c) A população da América do Sul é descendente, em sua maioria, de

_____, _____ e _____.

2 Com base na leitura do mapa, nomeie:

a) Os países com os quais o Brasil não faz fronteira.

_____

b) Um país ao norte do Brasil.

_____

c) O oceano a leste do Brasil.

_____

d) Um país a oeste do Brasil.

_____

3 Brasil e Venezuela possuem fronteiras entre si. Que outros países da América do Sul fazem fronteira com o nosso?

_____

_____

4 Em relação à população, todas as áreas da América do Sul possuem um número muito parecido de pessoas? Justifique.

_____

_____

5 Observe o mapa a seguir e faça o que se pede.

AMÉRICA DO SUL: DIVISÃO POLÍTICA

a) Pinte de amarelo os países que não têm saída para o mar.

b) Pinte de laranja os países que têm a capital no litoral.

c) Pinte de verde o país que tem a capital mais a leste.

d) Pinte de vermelho o país que tem a capital mais a oeste.

Fonte: *Atlas geográfico escolar.* 6. ed. Rio de Janeiro: IBGE, 2012. p. 41.

6 Reúna-se com um colega e escolham um país da América do Sul. Vocês vão pesquisar informações sobre ele, como:

- localização;
- bandeira e idioma;
- extensão territorial;
- nome das principais cidades;
- nome de sua capital;
- cidades que fazem fronteira com o Brasil, se houver, e quais os nomes delas.

Para realizar a pesquisa, vocês poderão usar a internet ou consultar livros da biblioteca de sua escola. Enriqueçam a pesquisa com fotos do país pesquisado.

Em sala, relatem suas descobertas para os colegas e ouçam as descobertas deles. Com a ajuda do professor, organizem um mural com o material pesquisado e deixem-no em exposição na escola.

Divisões do Brasil

Você já deve ter visto, ouvido ou lido no noticiário algo como: "No **estado** do Piauí, governador eleito assume o cargo" ou "As chuvas na **Região** Centro-Oeste ficaram abaixo do esperado".

O que significam estado e região do território brasileiro? Quais as diferenças existentes entre eles? É o que veremos a seguir.

Divisão política

Os limites internacionais atuais do Brasil foram definidos nos primeiros anos do século XX. Porém, internamente, observamos mudanças muito mais recentes.

Nosso país é dividido em unidades administrativas, chamadas **estados**, como você pode observar no mapa a seguir.

BRASIL: DIVISÃO POLÍTICA

Fonte: *Atlas geográfico escolar*. 6. ed. Rio de Janeiro: IBGE, 2012. p. 90.

O Brasil é formado por 27 Unidades Federativas, sendo 26 estados e 1 Distrito Federal, onde se localiza a capital do país: Brasília. Nela está a sede do governo federal, onde trabalham o presidente da República e seus ministros, além dos senadores e dos deputados federais.

Cada um dos estados pertencentes ao Brasil também tem seus administradores locais, que são o governador e os deputados estaduais.

Atualmente, em nosso país, o presidente da República, os senadores, os deputados federais, os governadores e os deputados estaduais são eleitos pela população por meio do voto, que é secreto.

A divisão do país em Unidades Federativas permite uma melhor administração do território brasileiro.

Prédio da Assembleia Legislativa do Estado de Santa Catarina.

Divisão regional

Além da divisão em estados e Distrito Federal, as Unidades Federativas do Brasil podem ser agrupadas em grandes regiões, cada uma com características internas semelhantes, mas externamente diferentes umas das outras. Para esse agrupamento leva-se em consideração características como clima, relevo, vegetação, hidrografia, economia e população.

Com isso, o IBGE classificou as cinco grandes regiões (também chamadas de macrorregiões) brasileiras, que são: Região Norte, Região Nordeste, Região Centro-Oeste, Região Sudeste e Região Sul.

Veja no mapa ao lado os estados que compõem cada macrorregião.

Em qual macrorregião do Brasil você vive?

Fonte: *Atlas geográfico escolar.* 6. ed. Rio de Janeiro: IBGE, 2012. p. 94.

ATIVIDADES

1 Observe o mapa da página anterior. Escreva o nome dos estados que são banhados pelo Oceano Atlântico.

_____
_____
_____
_____

2 Observe novamente o mapa da página anterior. Escreva agora o nome dos estados que fazem limite com o estado onde você vive.

_____

3 Escreva **C** para as frases corretas e **E** para as frases erradas. Depois, corrija e reescreva as frases erradas no caderno.

☐ No Brasil, os governadores dos estados são escolhidos pelo presidente da República.

☐ Brasília, a capital de nosso país, está localizada no Distrito Federal.

☐ As 27 Unidades Federativas que existem no Brasil são compostas de 26 estados e 1 Distrito Federal.

☐ As atuais fronteiras internacionais do Brasil foram definidas desde a chegada dos primeiros portugueses.

4 Quais são as unidades federativas e as respectivas capitais dos estados que compõem a macrorregião em que você mora?

_____
_____
_____
_____

EU GOSTO DE APRENDER

Relembre o que você estudou nesta lição.

- O Brasil é o quinto maior país do mundo em extensão territorial. É considerado um país de dimensões continentais e tem a maior parte de seu território no Hemisfério Sul.
- É um país ocidental, pois está localizado a oeste do Meridiano de Greenwich.
- É o maior país da América do Sul, fazendo fronteira com os demais países, exceto Chile e Equador. É banhado pelo Oceano Atlântico.
- Os pontos extremos do Brasil são: ao norte, a nascente do Rio Ailã; ao sul, o Arroio Chuí; a leste, a Ponta do Seixas; a oeste, a nascente do Rio Moa.
- Nosso país é uma república federativa presidencialista. É composto de 26 estados e 1 Distrito Federal, formando uma federação. Essa federação é governada por um presidente da República, eleito pelo voto popular, que é secreto.
- Os geógrafos costumam dividir o Brasil em regiões para estudar melhor as características de cada parte do nosso território. As regiões brasileiras são: Região Norte, Região Nordeste, Região Centro-Oeste, Região Sudeste e Região Sul.

ATIVIDADE

1 Volte ao mapa das macrorregiões brasileiras e complete o quadro abaixo com os nomes das regiões brasileiras e dos estados que as compõem.

Região	Estados

LIÇÃO 2

A população do Brasil

Veja as imagens de uma festa folclórica muito popular no Brasil.

Fantasias de boi da tradicional festa do bumba meu boi do Maranhão, 2017.

Brincantes da festa do bumba meu boi em Olímpia (SP).

As imagens mostram cenas da festa folclórica do bumba meu boi, que acontece todos os anos em vários lugares do Brasil. Ela é realizada desde o século XVIII e começou na Região Nordeste. Com o tempo, foi se modificando e hoje existem desde grupos pequenos, formados por famílias que mantêm a tradição, até grupos enormes, que mobilizam a cidade toda nas festas.

A lenda do bumba meu boi gira em torno do desejo de comer língua de boi de Mãe Catirina. Seu marido, Pai Francisco, escravo de um rico fazendeiro, com medo de que sua mulher perdesse o filho por causa do desejo não satisfeito, mata o boi mais querido de seu senhor para fazer o prato que Mãe Catirina tanto desejava.

Quando o senhor percebe que seu boi havia desaparecido, ordena que um de seus vaqueiros investigue o sumiço do animal. Tão logo o vaqueiro descobre o que havia acontecido com o boi, conta ao seu senhor. O fazendeiro então sai à procura de Pai Francisco, com o objetivo de castigá-lo.

Com medo da fúria do fazendeiro, Pai Francisco procura um pajé para que ressuscite o animal. No final, tudo termina bem: o pajé ressuscita o boi; o fazendeiro, sabendo da boa intenção de Pai Francisco, o perdoa; e todos celebram a ressurreição do boi com uma grande festa.

ATIVIDADES

1 Você já tinha ouvido falar dessa festa?
_____

2 Na sua região ocorre a festa do bumba meu boi?
_____

3 Quem são os personagens principais da festa folclórica?
_____

4 Na sua região ocorre alguma festa folclórica? Qual a origem dessa festa?
_____

    A festa do bumba meu boi tem um significado especial quando se fala em população brasileira, pois ela une tradições de diferentes povos: indígenas, portugueses e negros.

    Os indígenas eram os habitantes do Brasil quando os portugueses aqui chegaram. Os negros, por mais de 300 anos, foram trazidos da África como mão de obra escravizada para serem vendidos como mercadoria e trabalharem para os colonos portugueses em seus engenhos de produção de açúcar, criação de gado e todas as tarefas necessárias para a geração de riqueza do Brasil daquele período. Da convivência e da mistura desses três povos resultou o brasileiro.

Os traços dessa mistura são perceptíveis em vários aspectos da nossa cultura como o idioma, herdado dos portugueses; o hábito de comer mandioca e milho, de dormir na rede e tomar banho todos os dias, herdado dos indígenas; comer angu, jogar capoeira, o ritmo do maracatu, herdados dos povos africanos.

A vinda de imigrantes

Quando o Brasil se tornou independente de Portugal, começaram a chegar imigrantes de outros países em um processo que se intensificou depois da abolição da escravatura, em 1889. Para cá vieram alemães, italianos, espanhóis, portugueses, poloneses, povos árabes e japoneses, entre outros.

As difíceis condições de vida na Europa na segunda metade do século XIX incentivaram muitos europeus a buscarem novas oportunidades em outros locais. O governo brasileiro incentivava a vinda de imigrantes porque precisava de mão de obra para as lavouras em substituição ao trabalho dos negros escravizados.

Os imigrantes, como os alemães e depois os italianos, vieram para colonizar terras cedidas pelo governo e para suprir a mão de obra dos negros escravizados nas plantações, especialmente de café, no estado de São Paulo. Seus descendentes, em alguns casos, guardam as tradições de origem dos seus antepassados, em especial no Sul do Brasil.

Os emigrantes (1910), de Antônio Rocco. Óleo sobre tela, 231 cm × 202 cm. Nesta obra, o pintor italiano retratou uma família italiana partindo para o Brasil.

Foto de imigrantes italianos em plantação de café.

A partir de 1824 chegaram os primeiros imigrantes estrangeiros ao Brasil. Inicialmente vieram os alemães, depois os italianos e outros povos. Família de origem alemã, Blumenau (SC), no final do século XIX.

Muitos imigrantes, por conta das condições ruins de trabalho oferecidas pelos fazendeiros de café ou por suas terras serem distantes dos centros comerciais, onde poderiam vender o que produziam, acabaram deixando o campo e vindo para as cidades.

São Paulo, por exemplo, era a cidade que crescia com a riqueza do café e via surgir diversas indústrias. Muitos imigrantes italianos e espanhóis traziam na bagagem experiência profissional e acabaram formando grande parte da mão de obra da nascente indústria brasileira.

Vista do bairro do Brás, São Paulo (SP), c. 1910. A maioria das indústrias paulistas localizava-se nesse bairro.

ATIVIDADES

1 Por que o governo brasileiro incentivou a vinda de imigrantes europeus para o Brasil?

_____

2 Os imigrantes chegaram em que regiões brasileiras?

_____

3 Todos os imigrantes se fixaram nas terras oferecidas pelo governo ou nas áreas de plantações de café? Justifique sua resposta.

_____

_____

Os fluxos de população

Diversos fatores fazem com que as pessoas se desloquem de um lugar para outro, no processo chamado fluxo migratório.

As pessoas que vêm de outros municípios ou de outros estados são chamadas migrantes.

Alguns motivos dessa vinda de migrantes são:
- a falta de terra para plantar e criar animais;
- a falta de trabalho;
- substituição do trabalho humano pelas máquinas;
- secas e pragas que destroem as plantações e matam os animais.

Nos anos 1950 e 1960, quando a industrialização se tornou acelerada no Sudeste, muitas pessoas do Nordeste e do norte de Minas Gerais deixaram os lugares onde viviam em busca de melhores condições de vida.

Nessa época, cerca de 200 mil pessoas se deslocavam anualmente do Nordeste para o Sudeste e o Sul.

Ao se estabelecerem na capital paulista e em outros grandes centros urbanos, essas pessoas enfrentaram muitas dificuldades, como o preço dos aluguéis, a distância entre o local de moradia e o trabalho, o alto custo de vida das cidades.

Mesmo assim, o fluxo de migrantes aumentou nos anos 1970 e 1980, principalmente por causa da explosão da construção civil.

Na cidade de São Paulo, a construção do Metrô na década de 1970 atraía mais migrantes do Nordeste para o Sudeste. Foto de 1975.

Mas a migração de pessoas não ocorreu somente para os centros industrializados. Nos anos 1950, quando a cidade de Brasília começou a ser construída, milhares de pessoas saíram de seus estados no Nordeste e se mudaram para o Planalto Central, empregando-se como operários da construção civil. Eram chamados candangos e em homenagem a eles um monumento foi erguido na cidade. Em 1960, quando Brasília foi inaugura, mais de 58 mil pessoas de origem dos estados do Nordeste compunham a população da capital federal, o que representava cerca de 41% da população da cidade naquele ano.

A busca por terras para cultivar também sempre motivou o deslocamento de populações. Na década de 1940, começou a migração de pessoas do Rio Grande do Sul para o oeste de Santa Catarina. Anos depois, esse deslocamento se expandiu para a Região Centro-Oeste e Norte com colonos do Sul chegando em Mato Grosso do Sul, Mato Grosso e Rondônia.

Os candangos (1960), de Bruno Giorgi. Escultura em bronze, 8 m. O monumento homenageia os operários que trabalharam na construção de Brasília. Praça dos Três Poderes, Brasília (DF).

É grande o número de habitantes que mudam do campo para a cidade, por isso a população da zona urbana (cidade) é maior que a da zona rural (campo).

A saída de pessoas da zona rural para a zona urbana chama-se êxodo rural.

Em geral, as cidades não estão preparadas para receber os migrantes. Por isso, ao chegarem às cidades, eles enfrentam muitos problemas.

ATIVIDADES

1 Assim como em Brasília, em São Paulo também tem um monumento que homenageia os migrantes. Observe a imagem, leia sua legenda e depois responda às perguntas.

Monumento do migrante nordestino (2010), de Marcos Cartum. Aço corten, 5 m x 10 m. Localizado no Largo da Concórdia, em São Paulo (SP).

a) Por que existe este monumento em São Paulo?

_____

_____

b) A que remete a forma do monumento feito pelo artista Marcos Cartum?

_____

_____

c) Qual o motivo da migração de pessoas do Nordeste para São Paulo?

_____

_____

2 Agora, observe a foto a seguir, leia sua legenda e responda:

Família Abegg que migrou para Gleba Arinos, em Porto dos Gaúchos (MT), 1956.

a) Na sua opinião, qual a origem do sobrenome Abegg?

_____

_____

_____

b) Na imagem é possível identificar um traço característico da região de origem dos Abegg. Você consegue reconhecer o que é?

_____

c) Qual o motivo que levou os Abegg a migrar para o Mato Grosso?

_____

d) Qual traço cultural do estado de origem os Abegg estão levando para o novo lugar onde foram morar?

_____

A população atual do Brasil

A população brasileira pelo Censo de 2010 é de 190 milhões de pessoas. O Censo é um levantamento feito a cada dez anos para saber o número de habitantes de um país. Esse diagnóstico é feito pelo Instituto Brasileiro de Geografia e Estatística (IBGE).

Nesse levantamento, também são obtidos dados como: a proporção de homens e mulheres, onde vivem os brasileiros – se na zona urbana ou na rural –, faixa etária e características étnico-raciais, entre outros.

Veja os dados nos gráficos.

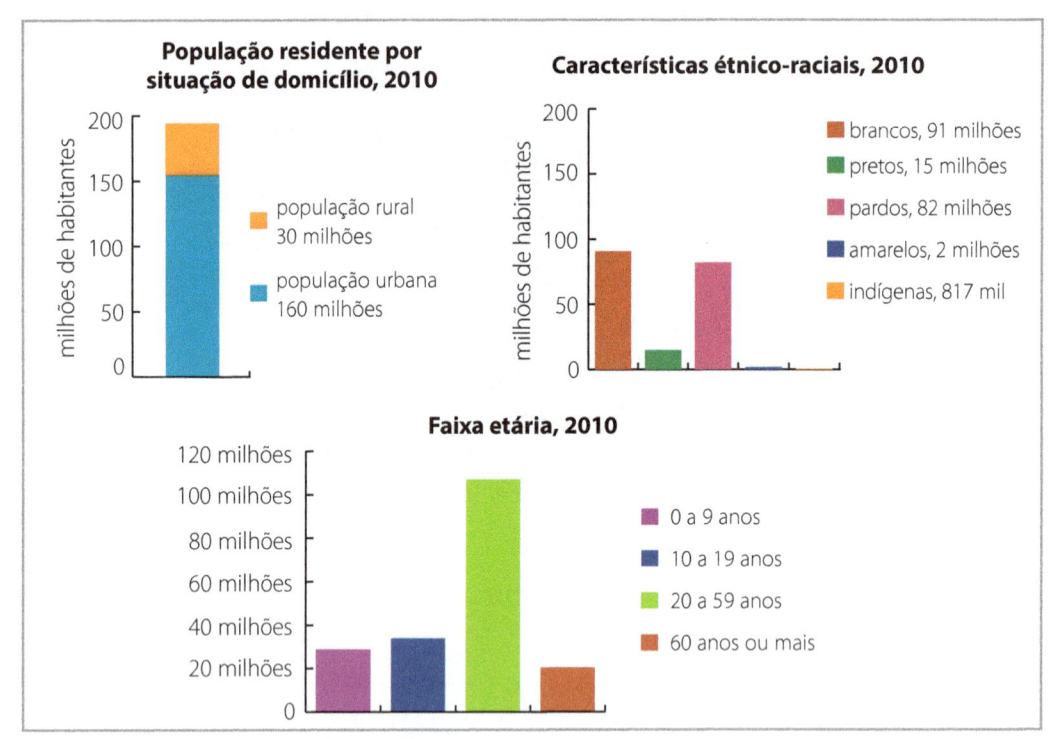

População residente por situação de domicílio, 2010
- população rural: 30 milhões
- população urbana: 160 milhões

Características étnico-raciais, 2010
- brancos, 91 milhões
- pretos, 15 milhões
- pardos, 82 milhões
- amarelos, 2 milhões
- indígenas, 817 mil

Faixa etária, 2010
- 0 a 9 anos
- 10 a 19 anos
- 20 a 59 anos
- 60 anos ou mais

Fonte: IBGE, Censo Demográfico 2010.

A população brasileira está distribuída de forma irregular pelo território. Enquanto há áreas com elevada concentração populacional, outras são pouco habitadas.

Veja ao lado o mapa da densidade demográfica do Brasil.

A densidade demográfica corresponde à quantidade média de habitantes por quilômetro quadrado.

Atualmente, a densidade demográfica do Brasil é de aproximadamente 22,3 habitantes por quilômetro quadrado.

BRASIL: DENSIDADE DEMOGRÁFICA

Habitantes por km²
- Menos de 1
- 1 a 5
- 5,1 a 20
- 20,1 a 50
- 50,1 a 100
- 100,1 a 250
- Acima de 250

MÁRIO YOSHIDA

Fonte: IBGE, Censo Demográfico 2010.

Embora a maior parte da população viva na área urbana, isso nem sempre foi assim.

Veja o gráfico sobre a relação da população urbana e rural no Brasil nos últimos 70 anos.

POPULAÇÃO URBANA E RURAL DO BRASIL: 1940-2010

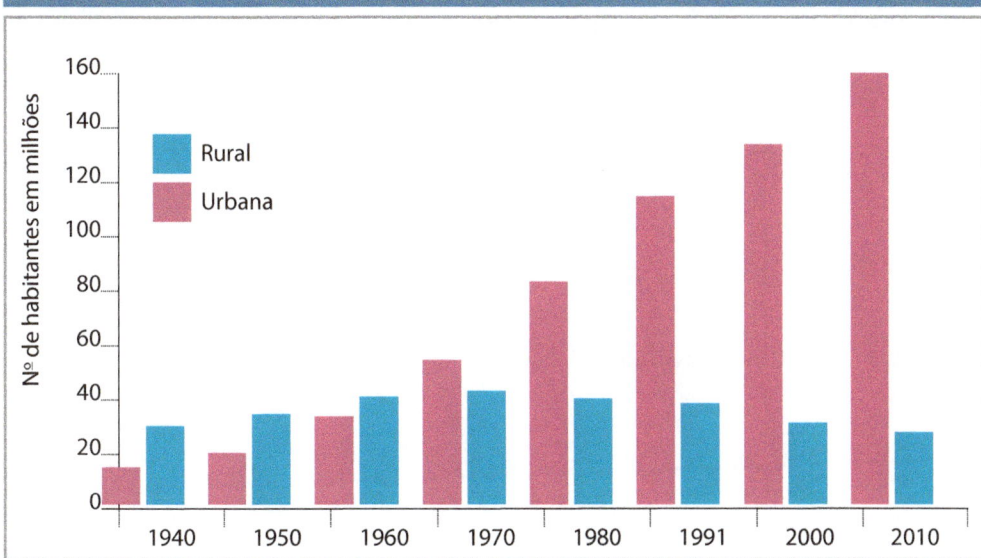

Fontes: *Anuário estatístico do Brasil* 1997 e Censo IBGE 2010. Disponível em: <http://www.censo2010.ibge.gov.br/sinopse/index.php?dados=8>. Acesso em: 30 jun. 2018.

As condições de vida no campo e o acesso a empregos, serviços de saúde e educação para os jovens ajudam a explicar o movimento de saída do campo.

A mecanização no campo, que substituiu a mão de obra por máquinas, também ajuda a entender esse processo. Entre 1995 e 1997, desapareceu 1,8 milhão de empregos no campo e um número semelhante foi criado nas cidades, principalmente nas indústrias.

No entanto, apesar dos benefícios econômicos para o país e da melhoria de qualidade de vida das pessoas, a urbanização acelerada também contribuiu para a intensificação dos problemas das cidades, como a falta de serviços públicos de qualidade, a precariedade das moradias e a violência.

Precariedade de moradias e de serviços públicos básicos é um dos problemas dos grandes centros urbanos. Periferia de Salvador (BA).

Problemas no transporte público também afetam as grandes cidades. Terminal de ônibus em São Paulo, (SP).

27

ATIVIDADES

1 Observe o mapa **Brasil: densidade demográfica**.

a) No Brasil, há locais com baixa densidade demográfica? Em quais regiões?

_____
_____

b) Qual parte do Brasil apresenta a menor densidade demográfica?

_____
_____

c) E a maior densidade demográfica?

_____
_____

2 Volte ao mapa da densidade demográfica do Brasil e localize seu estado. Agora responda: o seu estado é muito ou pouco habitado?

_____
_____

3 Pesquise a quantidade de habitantes que vive em seu estado.

_____
_____

4 Analisando o gráfico da população urbana e rural do Brasil nos últimos 70 anos, responda:

a) O que o gráfico mostra?

_____
_____

b) A população urbana sempre foi maior que a rural? Justifique sua resposta.

_____
_____

c) O que ocorre a partir de 1970?

_____

_____

d) Em 2010, qual era a quantidade de pessoas que vivia em cidades? E no campo?

_____

_____

e) Em sua opinião, por que as cidades atraem os moradores do campo?

_____

_____

_____

f) Você mora na área rural ou urbana?

_____

_____

5 Pesquise com seus familiares se tem algum parente que veio da região rural para a urbana nos últimos anos e qual foi o motivo desse deslocamento.

_____

_____

_____

6 O rápido e desordenado processo de urbanização ocorrido no Brasil trouxe consequências e a ocorrência de alguns problemas nas cidades. Entre eles podemos destacar a favelização, a violência urbana, a poluição e as enchentes. Reúna-se em grupo e pesquisem sobre a presença desses problemas na cidade onde você vive e se eles têm relação com o processo de urbanização.
Em sala, relatem os dados coletados na pesquisa para os colegas dos outros grupos e ouça os dados deles. Com a ajuda do professor, organizem um texto coletivo com o material pesquisado e deixem-no em exposição na escola.

Imigrações atuais no Brasil

O processo de imigração não foi uma marca do passado, atualmente o Brasil recebe pessoas de diferentes países.

Leia o texto a seguir.

Levantamento aponta que 25 mil venezuelanos vivem em Boa Vista

A prefeitura de Boa Vista apresentou esta semana um estudo recém-finalizado sobre o perfil dos imigrantes venezuelanos que vivem na capital de Roraima. O levantamento aponta que 25 mil venezuelanos moram na cidade, o que representa 7,5% da população. O número de entradas de imigrantes de janeiro a maio de 2018 foi 55% maior do que todo o ano de 2017.

A maior parte dos imigrantes tem entre 15 e 60 anos. São homens e chefes de família que pretendem trazer para o Brasil familiares que ainda ficaram na Venezuela. Dez por cento dos venezuelanos moram em espaços públicos de Boa Vista e 65% estão desempregados.

Disponível em: < http://radios.ebc.com.br/reporter-amazonia/2018/06/levantamento-aponta-que-25-mil-venezuelanos-vivem-em-boa-vista>. Acesso em: 29 de jun. 2018.

O texto indica que muitas pessoas estão deixando a Venezuela, um país de fronteira com o Brasil, e entrando em Roraima. O motivo da vinda dos venezuelanos para cá neste momento tem a ver com a crise política e econômica que afeta o país vizinho, com falta empregos, alimentos, remédios e outros recursos básicos.

Essas pessoas imigram porque não conseguem mais ter condições dignas de vida no lugar onde moram e arriscam a sorte mesmo sem ter perspectivas futuras no novo país que buscam para viver. Além desses motivos, o fluxo de pessoas de um país para o outro tem a ver também com guerras e catástrofes naturais, como a que ocorreu no Haiti em 2010 e trouxe para o Brasil, de 2010 a 2016, quase 50 mil haitianos, segundo dados oficiais do governo.

Venezuelanos chegam em novo abrigo, que fica situado no bairro de Nova Canaã, em Boa Vista (RR).

Imigrante haitiano em busca de trabalho exibe o passaporte. São Paulo (SP).

A população de imigrantes ao chegar em um novo país enfrenta diversos problemas, como o idioma diferente, a falta de local para se instalar e a busca por emprego.

Além de venezuelanos e haitianos, o Brasil também tem recebido nos últimos anos refugiados da guerra da Síria.

Refugiados sírios em posto de acolhimento de imigrantes em São Paulo (SP), 2015.

Imigrantes sírias em aula de português em São Paulo (SP), 2015.

ATIVIDADES

1. Você conhece ou convive com pessoas que vieram de outros países para o Brasil na atualidade?

   _____

2. Por que as pessoas saem dos seus países para irem para outros?

   _____

   _____

3. Quais os problemas que os imigrantes enfrentam ao chegar em um novo país?

   _____

   _____

4. Quando um imigrante chega em um novo lugar o que ele traz na consigo?

   _____

   _____

LIÇÃO 3

Brasil: aspectos econômicos

O Brasil tem centenas de atividades econômicas. Nosso país tem fábricas dos mais variados produtos, fazendas com plantações de produtos agrícolas e criação de gado, as quais produzem carne e leite. Para isso, há uma enorme rede comercial e de transportes ligando áreas urbanas e rurais do país.

No Brasil, portanto, a riqueza é produzida por milhares de pessoas que trabalham em setores econômicos bem diversificados.

- Observe as imagens acima e indique as atividades econômicas que você identifica. Na sua moradia, os adultos trabalham em quais atividades econômicas? Conte para os seus colegas e para o professor.

A agricultura

O trabalho de preparar a terra, plantar e colher chama-se **agricultura**.

Os principais produtos agrícolas do Brasil são: cana-de-açúcar, laranja, milho, soja, mandioca, arroz, café, tomate, batata e feijão.

As pessoas que trabalham com agricultura chamam-se agricultores, lavradores ou camponeses.

Alguns trabalhadores moram no campo. Outros moram nas cidades e se deslocam até o local de trabalho no campo. Entre estes há os boias-frias, que geralmente são contratados na época das colheitas e ganham por dia de trabalho.

Atualmente existem dois modelos de prática da agricultura: agricultura familiar e agronegócio.

A **agricultura familiar** é feita pelo agricultor e sua família com instrumentos simples em pequenas propriedades. A produção desde tipo de agricultura abastece a mesa do brasileiro com mandioca, feijão, milho, arroz, legumes e hortaliças. Na agricultura familiar pratica-se a **policultura**, isto é, o plantio de vários produtos. Mais de 80% dos estabelecimentos agropecuários são familiares. Eles respondem pela economia de 90% dos municípios com até 20 mil habitantes.

Família de agricultores em plantação de verduras. Apiaí (SP).

Você conhece alguma propriedade agrícola? Ela fica próxima ao lugar onde você vive? O que é cultivado nessa propriedade?

No agronegócio pratica-se, em geral, a **monocultura**, isto é, o cultivo de um só tipo de produto agrícola. Os produtos são vendidos para as indústrias nacionais ou exportados. Os principais produtos brasileiros exportados são soja, açúcar, celulose, café, farelo de soja, suco de frutas.

Em algumas áreas, empregam-se métodos modernos de **cultivo**: sementes selecionadas, preparo da terra, orientação de agrônomos, uso de máquinas no plantio e na colheita. As grandes propriedades no campo são denominadas **latifúndios**. Seus proprietários são os latifundiários. As pequenas propriedades chamam-se **minifúndios**.

ATIVIDADES

1 Encontre no diagrama o nome de alguns dos principais produtos agrícolas brasileiros.

a	b	c	c	a	n	a	d	e	a	ç	ú	c	a	r	m
l	a	r	a	n	j	a	o	n	t	ã	o	a	r	o	s
c	d	ã	ú	m	a	n	d	i	o	c	a	f	r	e	o
ç	ú	ã	o	t	y	u	i	o	p	v	b	é	o	v	j
m	i	l	h	o	v	c	t	e	f	j	ã	o	z	b	a
q	e	r	t	o	m	a	t	e	a	f	e	i	j	ã	o
b	a	t	a	t	a	m	n	l	o	p	u	t	r	e	b

2 Pinte os quadrinhos com a cor correspondente aos tipos de agricultura.

🟦 Policultura 🟧 Monocultura

🟨 Agricultura familiar 🟩 Agronegócio

☐ Os agricultores plantam só um tipo de produto.

☐ O trabalho é feito pelo agricultor e sua família, em pequenas propriedades.

☐ Os agricultores plantam vários tipos de produto na mesma propriedade.

☐ Os produtos são vendidos para as indústrias nacionais ou para outros países.

☐ Usa-se instrumentos simples.

A pecuária

A Geografia também estuda as atividades rurais ligadas à **pecuária**, isto é, criação e reprodução de animais para o comércio e para abastecer o mercado consumidor de leite, carnes, couro etc.

A **pecuária** e a **agricultura** são atividades muito ligadas, pois costumam ser desenvolvidas em um mesmo local ou em locais próximos e há grande dependência de uma em relação à outra. Por exemplo, os animais necessitam de ração, de capim e outros itens de alimentação que vêm das plantações. As fezes dos animais podem ser usadas como adubo natural para diversos tipos de culturas.

Os donos de gado são chamados **pecuaristas** e as pessoas que trabalham com os rebanhos recebem denominações como **vaqueiros**, **boiadeiros**, **retireiros**, **peões**, **pastores**. **Rebanho** é um conjunto de muitos animais da mesma espécie.

Com a pecuária, obtêm-se matérias-primas para as atividades da **agroindústria**, como leite para os laticínios, para fabricar queijos e outros derivados; carnes para frigoríficos; couro para a indústria de calçados etc. O grande destaque econômico da **pecuária** é a produção de carne (bovina, suína, bufalina, ovina, caprina, galinácea ou de aves em geral), leite (bovino, bufalino, ovino e caprino) e ovos (galináceos). Também se criam animais de montaria, como os equinos, muares e asininos.

Conforme a especialização da **pecuária**, podemos classificá-la em:
- **apicultura** – criação de abelhas para a produção de mel, própolis e cera.
- **avicultura** – criação de aves para o aproveitamento da carne e dos ovos.
- **cunicultura** – criação de coelhos para o aproveitamento da carne e da pele.
- **equinocultura** – criação de cavalos, muares e asininos para montaria.
- **piscicultura** – criação de peixes para o aproveitamento da carne.
- **ranicultura** – criação de rãs para o aproveitamento da carne e da pele.
- **sericicultura** – criação de bichos-da-seda para a produção do fio de seda, usado na fabricação de tecidos.
- **suinocultura** – criação de porcos para a produção de carne.

Quando analisamos o modo de praticar a pecuária e a tecnologia empregada, podemos dividi-la ainda em **pecuária extensiva** ou **pecuária intensiva**.

A **pecuária extensiva** é aquela na qual os animais vivem soltos em extensas áreas, sem maiores cuidados, e o índice de produtividade é baixo.

A **pecuária intensiva**, ao contrário, se caracteriza por serem os animais vacinados e criados em cocheiras e por se alimentarem de rações especiais, além de receberem cuidados veterinários. Todo esse cuidado tem o objetivo de aumentar a produção.

Na pecuária extensiva, o gado é criado solto e em grandes áreas.

Na pecuária intensiva, o gado é confinado em pequenas áreas e recebe acompanhamento constante.

O rebanho mais numeroso do Brasil é o bovino. O gado bovino é criado para produzir leite (gado leiteiro) ou para fornecer carne e couro (gado de corte).

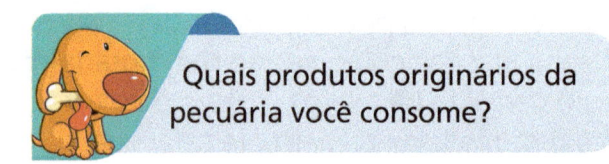

> Quais produtos originários da pecuária você consome?

ATIVIDADES

1 Com base nas informações dos textos complete as frases.

a) Pecuária é _____.

b) Na pecuária _____ os animais são criados soltos e em grandes áreas, alimentando-se de pastagens naturais.

c) Na pecuária _____ os animais são criados em áreas menores, cercadas, com pastagens especiais, e recebem vacinas, cuidados veterinários e alimentação controlada.

d) No Brasil, o rebanho mais numeroso é o _____.

2 Análise os tipos de pecuária citados na página anterior e reponda a seguir.

a) Quais criações existem no lugar onde você vive?
_____
_____

b) Quais criações não existem no lugar onde você vive?
_____
_____

c) Que animais você conhece, mas não são comuns no lugar onde você vive?
_____
_____
_____

3 Numere a segunda coluna de acordo com a primeira.

1	avicultura		criação de bichos-da-seda
2	sericicultura		criação de rãs
3	ranicultura		criação de abelhas
4	cunicultura		criação de aves
5	apicultura		criação de coelhos

4 Quais são os produtos agrícolas cultivados na região onde você vive.

_____
_____
_____
_____

5 Liste alguns alimentos originários da agricultura e da pecuária que fazem parte da sua alimentação.

Agricultura: _____
_____
_____

Pecuária: _____
_____
_____
_____

A tecnologia no campo

Modernas tecnologias podem ser utilizadas no campo para aumentar a produção.

Na produção rural manual ou pouco mecanizada, com baixo uso de tecnologia, geralmente são empregados muitos trabalhadores e a produção é menor.

Na produção mecanizada, com alto uso de tecnologia, são empregados menos trabalhadores e eles precisam de mais **qualificação**, mas a produção é maior. Por exemplo: um trator ou uma colheitadeira fazem o trabalho muito mais rápido que vários trabalhadores juntos.

No lugar de vários empregados fazerem a ordenha das vacas, uma máquina pode executar essa tarefa com muita higiene, sem contato manual.

A utilização de tecnologia também tem ajudado os produtores rurais a superar dificuldades impostas pela natureza, como a irrigação de plantações em áreas muito secas ou mesmo o uso de vacinas no gado para evitar doenças no animal.

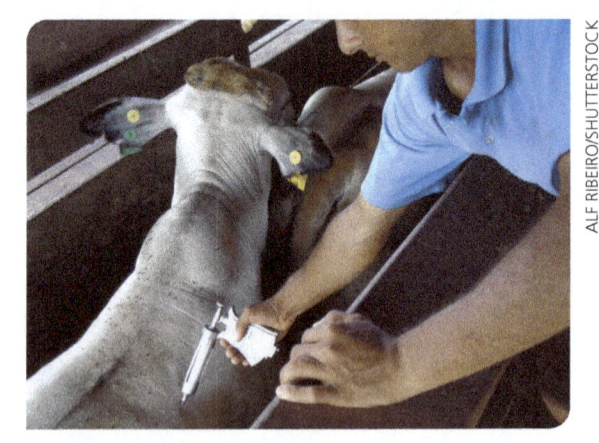

Vacinação de gado. Pirajui (SP).

Na atualidade, as máquinas agrícolas já contam com mecanismos computadorizados que podem guiar um trator à distância, utilizando-se de geolocalização por satélites. Na pulverização de agrotóxicos contra pragas da lavoura, o uso de drones tem permitido aplicar o produto apenas onde ele necessário e não mais na plantação inteira como era o que ocorria com a pulverização por aviões.

No caso dos celulares, aplicativos ajudam a monitorar o clima e as condições do solo. Aplicativos ou *softwares* também permitem armazenar informações importantes para que os agricultores e os pecuaristas possam ter mais controle do momento de plantar, colher e de irrigar as plantações, do peso do gado e da hora de vacinar os animais e muitas outras atividades.

A evolução tecnológica no campo tem garantido maior produção de alimentos, melhor administração do negócio e diminuição de custos.

A utilização de tecnologia tem contribuído muito para o aumento da produção no campo, mas a tecnologia custa caro e nem todos os proprietários podem pagar por ela. Geralmente, são os grandes proprietários rurais que têm mais recursos para comprar máquinas, instalação de sistemas informatizados, acesso à internet etc.

Modelo de trator autônomo, que não necessita de tratorista para guiá-lo. Seu deslocamento é orientado por sistema de geolocalização por satélites (GPS).

ATIVIDADES

1 O que a tecnologia no campo proporciona?

_____

2 Quais são as inovações tecnológicas no campo.

_____

_____

3 Considerando o uso das novas tecnologias no agronegócio, qual o perfil do trabalhador do campo.

_____

_____

A indústria

Indústria é a atividade de extrair **matérias-primas** da natureza para transformá-las em produtos de consumo.

As indústrias podem ser extrativas ou de transformação.

As indústrias extrativas retiram ou extraem a matéria-prima. Podem ser de três tipos:

> **VOCABULÁRIO**
>
> **matéria-prima:** produto fornecido diretamente pela natureza. Pode ser de origem vegetal, animal ou mineral.

- **indústria extrativa vegetal** – extrai raízes, madeiras, ervas e outros produtos de origem vegetal;
- **indústria extrativa animal** – extrai couro, carne, pele e outros produtos de origem animal;

Área de extração de madeira.

Extração de caranguejos.

- **indústria extrativa mineral** – extrai minérios, como ferro, petróleo, carvão, sal, ouro e outros produtos de origem mineral.

Que produtos industrializados extrativos são usados pela sua família?

Área de extração de petróleo.

A agroindústria

Algumas indústrias se instalam no campo para ficar mais próximas da matéria-prima. São as agroindústrias. Veja alguns exemplos.
- Usina que se instala próxima ao cultivo da cana-de-açúcar para produzir açúcar refinado ou álcool combustível.
- Usina de **pasteurização**, que se instala próxima às fazendas de gado leiteiro para produzir leite, manteiga, queijo, iogurte etc.
- Fábrica que se instala próxima a uma área onde se cultiva tomates para produzir massa de tomate, *ketchup* etc.
- Fábrica se instala na região de produção de frutas para a produção de sucos.
- Indústria frigorífica que produz linguiça, mortadela, presunto, toucinho em uma área de pecuária.

O processo de produção do suco de laranja começa com a colheita da fruta e depois seu transporte até a fábrica, que extrai o suco da fruta e o envasa nas embalagens, que serão distribuídas aos pontos de venda, supermercados, padarias, lojas de conveniência e outros.

ATIVIDADES

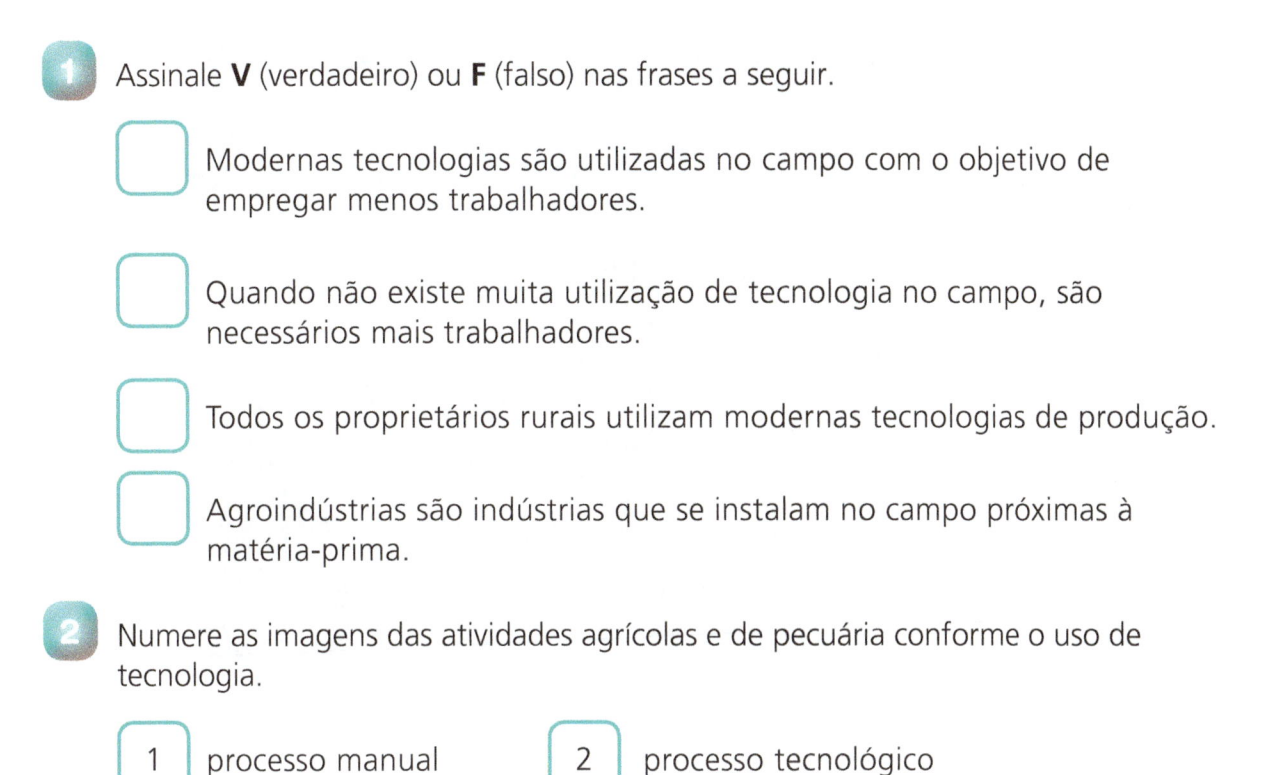

1 Assinale **V** (verdadeiro) ou **F** (falso) nas frases a seguir.

☐ Modernas tecnologias são utilizadas no campo com o objetivo de empregar menos trabalhadores.

☐ Quando não existe muita utilização de tecnologia no campo, são necessários mais trabalhadores.

☐ Todos os proprietários rurais utilizam modernas tecnologias de produção.

☐ Agroindústrias são indústrias que se instalam no campo próximas à matéria-prima.

2 Numere as imagens das atividades agrícolas e de pecuária conforme o uso de tecnologia.

| 1 | processo manual | 2 | processo tecnológico |

Colheita de frutas.

Inspeção da plantação de milho.

Colheita de milho

Ordenha de vaca.

Colheita de algodão

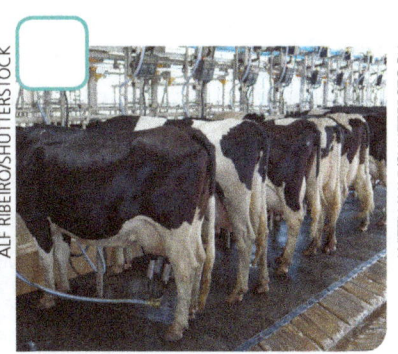

Ordenha de vaca

3 A imagem a seguir mostra:

Usina de açúcar e álcool

☐ uma paisagem rural.

☐ uma paisagem urbana.

☐ uma indústria.

☐ uma agroindústria.

Indústrias de transformação

Nas indústrias de transformação, a matéria-prima é transformada em produtos de consumo direto ou em produtos que serão utilizados por outras indústrias.

As indústrias de transformação podem ser de:
- **bens de produção** ou **indústrias de base** – preparam a matéria-prima para outra indústria usar na produção de um novo artigo. Exemplo: a indústria siderúrgica, que transforma o ferro em aço para a indústria metalúrgica empregar na fabricação de veículos e ferramentas;
- **bens de consumo** – fabricam produtos que são consumidos diretamente pelas pessoas, como alimentos, roupas, remédios, aparelhos elétricos etc.;
- **máquinas e equipamentos** – transformam os produtos da indústria de base em máquinas e equipamentos que serão usados em outras indústrias.

Para funcionar, uma indústria necessita de:
- **mão de obra especializada** – os trabalhadores;
- **matéria-prima** – produtos naturais;
- **energia** – para movimentar as máquinas;
- **capital** – dinheiro para comprar matérias-primas e máquinas e pagar os trabalhadores;
- **transporte** – para levar matérias-primas e produtos de um local para outro;
- **lojas** – para vender os produtos;
- **consumidores** – pessoas para comprar os produtos.

ATIVIDADES

1 Como as indústrias podem ser classificadas?

_____

_____

2 Associe as informações às definições correspondentes.

a) Retiram ou extraem os produtos naturais.

b) Transformam a matéria-prima em produtos de consumo direto ou em produtos que serão utilizados por outras indústrias.

☐ Indústrias de transformação   ☐ Indústrias extrativas

3 Escreva **V** para as informações verdadeiras e **F** para as informações falsas. Depois, corrija as falsas no caderno.

☐ As indústrias de bens de consumo fabricam produtos que são consumidos diretamente pelas pessoas.

☐ As indústrias de bens de produção ou indústrias de base transformam os produtos da indústria de base em máquinas e equipamentos que serão usados em outras indústrias.

☐ As indústrias de máquinas e equipamentos preparam a matéria-prima para outra indústria usar na produção de um novo artigo.

4 Pesquise em livros, revistas e na internet informações sobre as indústrias que se preocupam com a conservação do meio ambiente. Registre no caderno o nome das indústrias que você encontrar e as ações que elas adotam para essa conservação.

5 Pinte no mapa os três estados brasileiros de maior concentração industrial. Use uma cor para cada estado e complete a legenda.

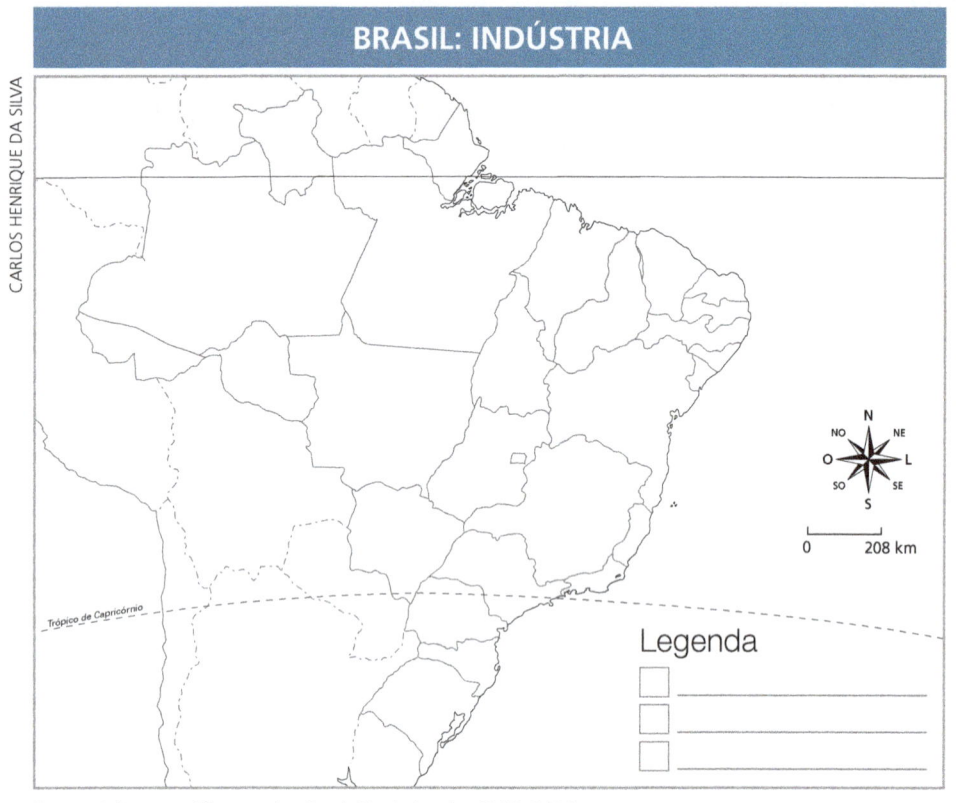

BRASIL: INDÚSTRIA

Legenda

Fonte: *Atlas geográfico escolar*. 5. ed. Rio de Janeiro: IBGE, 2009.

O comércio

A compra e a venda de produtos chama-se **comércio**.

Antigamente, trocava-se produto por produto, sem uso de dinheiro. Esse comércio direto, muito praticado entre os indígenas e os portugueses no começo da nossa história, era chamado **escambo**.

Atualmente, o uso do dinheiro facilita essas trocas.

A moeda representa o valor das mercadorias trocadas. O dólar americano, a libra esterlina, o peso argentino e o real brasileiro são algumas das muitas moedas existentes no mundo.

As pessoas fazem comércio porque não conseguem produzir tudo aquilo de

O Mercado Municipal de São Paulo é um dos mais antigos da cidade e hoje é também considerado um ponto turístico.

que necessitam. Então elas compram produtos de que precisam e não conseguem produzir. Nas sociedades atuais, há muita propaganda e algumas pessoas passam a comprar demais, até mesmo produtos de que não precisam. Por isso é importante refletir sobre o ato de consumir: será que aqueles objetos que tanto desejamos são realmente necessários para nossa vida ou são supérfluos?

Tipos de comércio

O comércio é responsável pela distribuição dos produtos da agricultura, da pecuária e da indústria.

Quando realizado dentro do próprio país, chama-se **comércio interno**. O comércio realizado entre dois ou mais países chama-se **comércio externo** e pode ser de **importação** ou de **exportação**.

A compra de produtos de outros países é chamada **importação**. O Brasil importa máquinas industriais, aparelhos hospitalares, produtos químicos e eletrônicos, trigo etc.

A venda de produtos para outros países denomina-se **exportação**. O Brasil exporta soja, café, calçados, papel e celulose, madeira, fumo, suco de laranja, açúcar, cacau, minérios, metais, peças e combustível para automóveis. Máquinas e ferramentas, automóveis e aparelhos elétricos também são produtos exportados pelo Brasil.

ATIVIDADES

1 Descreva o que é comércio.

_____

_____

2 Complete as frases a seguir.

a) O comércio interno é realizado _____ e o comércio externo é realizado _____.

b) O comércio externo pode ser de _____, ou seja, quando há compra de produtos de outros países, e de _____, quando há venda de produtos para outros países.

3 Liste alguns produtos consumidos em sua casa que sejam adquiridos no comércio.

_____

_____

4 Escolha um dos produtos que você listou na atividade 3 e responda às questões a seguir.

a) De onde veio esse produto?

___

b) Para chegar até sua casa esse produto passou por alguns locais. Cite alguns deles.

___

___

c) Que serviço foi utilizado para que esse produto fosse levado de um local para outro?

___

5 Na sua opinião, o que é mais vantajoso para um país: importar ou exportar produtos?

___

___

___

___

6 Na sua cidade, existem espaços de comércio interno, como feiras, mercados ou supermercados? Escolha um desses espaços e o descreva no caderno suas características, citando:

a) o nome do local;

b) os principais produtos comercializados;

c) com que frequência você ou sua família faz compras nesse local;

d) liste alguns produtos importados e outros produzidos no município ou na região em que você vive e sejam destinados à exportação, que são comercializados nesse local.

- Depois de fazer seu texto, compare-o com o de um colega, verificando se vocês descreveram o mesmo local ou se conhecem o comércio escolhido pelo outro.

Os serviços

O setor de **serviços** é aquele ligado às pessoas e empresas que prestam serviços para outras pessoas ou mesmo para outras empresas. Entre os principais tipos de serviço prestados, podemos citar:

- **serviços na educação** – por professores, diretores de escola, funcionários de escolas etc.;
- **serviços de turismo** – por funcionários de agências de viagem, de hotéis, guias turísticos etc.;
- **serviços e assessoria jurídica** – por advogados;
- **serviços de engenharia** – por engenheiros;
- **serviços de saúde** – por médicos, enfermeiros, dentistas etc.

Esse setor da economia é também chamado de **setor terciário** e é o que geralmente mais cresce quando um país se desenvolve.

Escolas.

Manutenção automotiva.

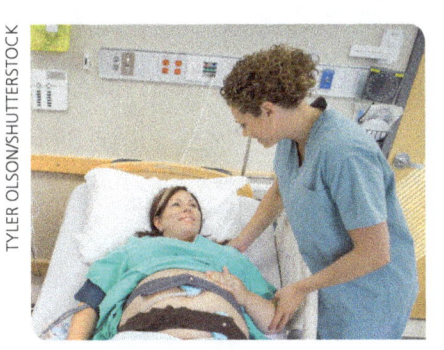

Atendimento médico.

Galeria de artes.

ATIVIDADES

1 Faça uma lista das atividades de serviços que você e sua família usam no dia a dia.

___

___

2 Procure em revistas, jornais, internet ou outro material que o professor disponibilizar uma imagem de um trabalhador do setor de serviços, cole-a em uma folha avulsa, escreva uma legenda explicando do que se trata e exponha no mural da classe ou onde o professor indicar.

Interação campo e cidade

Existe uma troca entre o campo e a cidade: produtos do campo vão para a cidade e produtos da cidade vão para o campo. Além disso, muitas pessoas deixam o campo e vão morar nas cidades.

Vários produtos que consumimos em nosso dia a dia foram cultivados no campo, e passam por transformações em agroindústrias ou na cidade, são transportados de um lugar para o outro e comercializados antes de chegar até nós.

O campo utiliza muitos produtos vindos da cidade, como roupas, móveis, alimentos industrializados, máquinas agrícolas, fertilizantes, agrotóxicos, produtos veterinários. Portanto, o campo depende principalmente de produtos industrializados que vêm da cidade.

A cidade também depende do campo. A grande maioria dos alimentos consumidos pelas pessoas que moram na cidade tem sua origem na área rural, como frutas, legumes, carnes etc. Muitas indústrias instaladas na cidade dependem da matéria-prima vinda do campo. Algumas indústrias se instalam no campo, as agroindústrias, e enviam seus produtos para a cidade, como açúcar, leite, papel.

ATIVIDADES

1 Complete o esquema com os produtos que são comercializados entre cidade e campo.

_____

_____

_____

_____

ACERVO DA EDITORA

EU GOSTO DE APRENDER

Leia os principais itens que você estudou nesta lição.

- Agricultura é o trabalho de preparar a terra, plantar e colher. Os trabalhadores agrícolas são chamados agricultores, lavradores ou camponeses.
- Agricultura comercial é aquela feita para exportação ou para fornecer matéria-prima para empresas industriais.
- As grandes propriedades no campo têm o nome de latifúndios. As pequenas são minifúndios.
- As atividades da pecuária, ou seja, da criação de animais, relacionam-se com a agricultura, pois são desenvolvidas, às vezes, no mesmo local e a primeira depende da última.
- A pecuária extensiva é feita em locais amplos, com os rebanhos soltos se alimentando de pastagens naturais. A pecuária intensiva é feita em cocheiras e os rebanhos recebem cuidados especiais, para aumentar a produção.
- Cada tipo de criação animal recebe um nome diferente, como apicultura, avicultura, sericicultura, piscicultura, ranicultura, cunicultura, equinocultura etc.
- A inovação tecnológica no campo exige cada vez mais trabalhadores qualificados.
- A agroindústria é aquela que processa produtos de origem agrícola ou animal e podem estar instaladas no campo.
- Comércio é a venda e a troca de mercadorias e pode ser interno ou externo. O comércio externo divide-se em importação (compra de produtos de outros países) e exportação (venda de produtos para outros países).
- Em uma sociedade também se destacam as atividades industriais, as quais extraem matérias-primas da natureza para transformá-las em produtos de consumo.
- Indústrias extrativas retiram matéria-prima. Existe a indústria extrativa vegetal, a mineral e a animal.
- Indústrias de transformação convertem as matérias-primas em produtos para o consumo direto ou para serem utilizados em outras indústrias.
- Os elementos necessários para uma indústria funcionar são: mão de obra especializada (trabalhadores), energia (para movimentar as máquinas), capital (dinheiro para comprar máquinas e instalações e pagar os trabalhadores), transportes, lojas, consumidores.
- O setor econômico voltado para a prestação de serviços necessários ao funcionamento da sociedade chama-se setor de serviços ou setor terciário. Por exemplo: setor da educação, da saúde, dos serviços públicos, entre outros.
- Esses serviços podem ser prestados tanto para as pessoas como para as empresas.

ATIVIDADES

1 Escreva uma definição para os termos a seguir:

a) Agricultura: _____.

b) Pecuária: _____.

c) Indústria de transformação: _____
_____.

d) Comércio: _____
_____.

e) Setor terciário: _____.

2 Classifique as atividades da segunda coluna com as siglas da primeira coluna.

AF	Agricultura familiar
AC	Agricultura comercial
IB	Indústria de base
IC	Indústria de bens de consumo
PE	Pecuária extensiva
PI	Pecuária intensiva
I	Importação
E	Exportação

☐ Plantação de café para exportação.

☐ Criação de bois, vacas e bezerros em pastos naturais.

☐ Compra de produtos na China.

☐ Produção de ferro e aço.

☐ Produção de roupas e alimentos.

☐ Venda de produtos para os Estados Unidos.

☐ Produção de milho e mandioca para consumo próprio.

☐ Criação de porcos em chiqueiros higienizados e com assistência de veterinários.

EU GOSTO DE APRENDER +

Processo de fabricação do lápis

As sementes (das árvores) são plantadas em um viveiro, onde são adubadas, regadas e tratadas.

Depois de 10 a 15 dias, germinam e continuam sendo cuidadas. Quatro meses depois, com mais ou menos 25 cm de altura, as mudas são plantadas.

Após 3 anos, com 4 metros de altura, para facilitar seu crescimento e evitar a formação de "nós", os galhos mais baixos são podados e deixados no solo, fertilizando a terra.

Faz-se então a colheita de parte das árvores. Não é feita a colheita total para não deixar o solo exposto. A colheita final ocorre aos 25 anos, quando outras mudas são plantadas em seus lugares.

Começa então o processo de industrialização da madeira: as toras são levadas da plantação para a fábrica, em uma área próxima de onde foi cultivada.

A madeira é cortada em tabuinhas e recebe um tratamento especial de secagem e tingimento.

Agora, o lápis começa a tomar forma. Uma máquina abre canaletas nas tabuinhas, onde são coladas as minas de grafite ou de cor. Depois, cola-se outra tabuinha com canaletas por cima, formando um "sanduíche", que é prensado.

O "sanduíche" é pintado e envernizado. Então, os lápis são separados e apontados. Depois de embalados, os lápis estão prontos para serem comercializados.

ATIVIDADES COMPLEMENTARES

1 A produção do lápis nesse exemplo é feita no campo ou na cidade?

___

2 A indústria que produz lápis pode ser chamada de agroindústria? Por quê?

___

3 Por que a indústria de lápis se instala no campo?

___

4 Qual é a relação entre campo e cidade retratada na produção de lápis?

___

___

LIÇÃO 4

Brasil: Região Norte

O **território** brasileiro, além de estar dividido em estados, também é regionalizado, ou seja, foi organizado pelo IBGE em cinco grandes regiões.

Essa divisão foi feita para facilitar a administração do nosso país.

As cinco **regiões** são Norte, Nordeste, Centro-Oeste, Sudeste e Sul.

BRASIL: GRANDES REGIÕES (2012)

Fonte: *Atlas Geográfico Escolar*. Rio de Janeiro: IBGE, 2012.

ATIVIDADES

Observe o mapa acima e, se necessário, retorne ao mapa **Brasil**: **macrorregiões** da página 16. Responda:

a) Qual é a maior região do Brasil em extensão territorial? _____

b) E a menor? _____

c) Qual dessas regiões tem mais estados? _____

d) E qual tem menos estados? _____

_____

e) Qual é a região onde você mora? _____

Divisão política

A Região Norte é a mais **extensa** do Brasil: corresponde a quase metade do território do país, com uma área de 3 853 327 Km². Ela é formada por sete estados: Acre, Amazonas, Amapá, Pará, Roraima, Rondônia e Tocantins. Possui a menor densidade demográfica do país, isto é, nessa região a população é menor do que nas outras quatro. Em 2014, a população estimada da Região Norte era de cerca de 17 936 201 habitantes.

REGIÃO NORTE: DIVISÃO POLÍTICA

Fonte: Atlas geográfico escolar. 6. ed. Rio de Janeiro: IBGE, 2012. p. 90.

O Amazonas é o maior estado em extensão territorial da Região Norte. Sua capital, Manaus, é o mais importante centro industrial, turístico e comercial de toda a região. Esse estado tem como característica a presença de parte da Floresta Amazônica e grande parte do maior rio brasileiro, o Amazonas. Entretanto, em números populacionais, o estado do Amazonas é suplantado pelo estado do Pará.

O estado do Pará é o segundo em extensão territorial e o primeiro em densidade populacional, entre os estados que compõem a Região Norte. Sua capital, Belém, é uma cidade moderna que atrai turistas pelo grande número de museus, pelas belezas naturais de seu entorno e pelos locais populares, como o Mercado do Ver-o-Peso, o maior da América Latina, localizado às margens da Baía do Guajará.

O estado de Tocantins, cujo território antes pertencia ao estado de Goiás, é o mais novo estado brasileiro, tendo sido criado em 1988. Localizado a sudeste da Região Norte, sua maior cidade e capital é Palmas. Juntos, os municípios de Palmas, Araguaína, Gurupi, Porto Nacional e Paraíso do Tocantins comportam o maior número de habitantes do estado.

Localizado no sudoeste da Região Norte, o estado do Acre limita-se com o estado do Amazonas ao norte e o de Rondônia a leste. Além disso, faz fronteira com dois países: a Bolívia, a sudeste, e o Peru, ao sul e a oeste. Sua capital, Rio Branco, é o centro administrativo, comercial e educacional mais importante do estado. O nome "Acre" tem origem indígena e veio do rio de mesmo nome existente na região.

Rondônia é o terceiro estado mais populoso da Região Norte. Sua capital, Porto Velho, é banhada pelo Rio Madeira. Outras cidades importantes são Ji-Paraná, Ariquemes, Cacoal, Guajará-Mirim, Jaru, Rolim de Moura e Vilhena. Rondônia tornou-se estado em 1982.

O estado do Amapá, cuja capital é Macapá, é também um estado novo, criado em 1988. É o menor estado da Região Norte em extensão territorial – possui 142 828 km² –, mas é o estado brasileiro que mais possui áreas protegidas em seu território, isto é, terras destinadas à preservação de flora e fauna e terras indígenas.

Roraima também é um estado criado em 1988. Possui 224 300 506 km² de área, das quais, aproximadamente, 104 018 km² são indígenas, representando quase metade do território da unidade (46,37%). A área de preservação ambiental no estado também é extensa: Roraima é o estado brasileiro com o segundo maior percentual de território ocupado por áreas protegidas, perdendo apenas para o estado do Amapá.

ATIVIDADES

1 Sobre a divisão política da Região Norte, responda às questões a seguir.

a) Qual é o estado de maior extensão territorial? _____.

b) Qual é o estado de menor extensão territorial? _____.

c) Quais são os dois estados mais populosos? _____.

2 Quanto às capitais dos estados que compõem a Região Norte, responda:

a) Qual é a capital do estado mais novo do Brasil?

_____

b) Que tipo de vegetação predomina no entorno da capital Manaus? Qual é o rio que a banha?

_____

3 Você conhece alguns estados que fazem parte dessa região? Se sim, escreva o nome deles.

☐ Sim.

☐ Não.

_____

_____

4 Você gostaria de conhecer algum estado dessa região?

☐ Sim.

☐ Não.

Em caso positivo, escreva o nome dele e o que gostaria de conhecer nesse estado.

_____

_____

5 Retorne ao mapa **Brasil: macrorregiões** da página 16 e identifique as respostas das questões a seguir em relação à Região Norte.

a) Região brasileira com a qual faz limite ao sul: _____

_____.

b) Região brasileira com a qual faz limite a leste: _____

_____.

c) Paralelo que corta a região: _____.

d) Território francês com o qual faz fronteira ao norte: _____

_____.

Aspectos físicos

Relevo e hidrografia

O **relevo** da Região Norte é constituído basicamente por terras baixas, que integram a chamada Planície Amazônica. Essas terras baixas podem ser assim classificadas:

- **igapós** – áreas constantemente inundadas pelo Rio Amazonas.
- **tesos ou terraços fluviais (várzeas)** – terras com altitudes inferiores a 30 metros, inundadas pelas cheias mais fortes.
- **terra firme** – áreas altas e livres das inundações.

As porções mais elevadas estão localizadas ao norte, ao sul e na parte central desse território.

O Planalto das Guianas localiza-se ao norte da Planície Amazônica. Nessa região encontram-se os pontos mais elevados do relevo brasileiro: o Pico da Neblina e o Pico 31 de Março, na Serra do Imeri, no estado do Amazonas. A altitude deles é de 2 993 metros e 2 972 metros, respectivamente.

Já a área do Planalto Central está localizada no sul do Amazonas e do Pará e ocupa boa parte de Rondônia e do Tocantins.

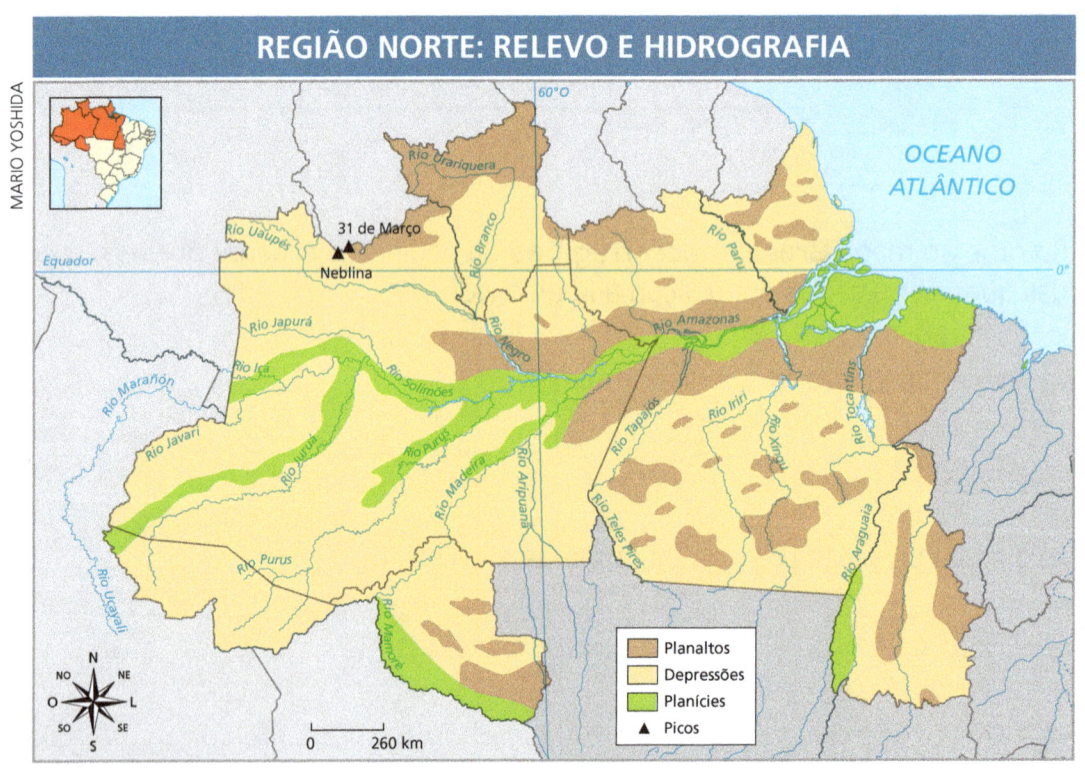

REGIÃO NORTE: RELEVO E HIDROGRAFIA

Fonte: Jurandyr L. S. Ross. *Geografia do Brasil*. São Paulo: Edusp, 2009. p. 53.

No litoral destacam-se a Ilha de Marajó e outras ilhas que formam o Arquipélago Amazônico, localizado na foz do Rio Amazonas.

É na Região Norte que se encontra a maior **bacia hidrográfica** do mundo, a Bacia Amazônica (Rio Amazonas e seus afluentes). Na Bacia Amazônica encontram-se importantes usinas geradoras de energia, como a Usina Hidrelétrica de Balbina (Rio Uamutã) e a Usina Hidrelétrica de Samuel (Rio Jamari), construída na Cachoeira de Samuel.

A foz do Rio Amazonas apresenta, na época das cheias, um fenômeno natural provocado pelo encontro das águas do rio com as águas do Oceano Atlântico: a formação de grandes ondas que chegam a alcançar cinco metros de altura. Esse fenômeno é chamado **pororoca** e costuma ser aproveitado por surfistas.

Encontro entre os rios Negro e Solimões, em Manaus (AM), 2014.

A segunda maior bacia hidrográfica da região (e a maior inteiramente brasileira) é a Araguaia-Tocantins, na qual se destaca a Usina Hidrelétrica de Tucuruí. No estado do Tocantins, nos rios Araguaia e um de seus afluentes, o Rio Javaés, encontra-se a maior ilha fluvial do mundo, a Ilha do Bananal.

Clima e vegetação

O **clima** predominante na Região Norte é o equatorial úmido. Nesse tipo de clima, as temperaturas são elevadas e chove muito durante todo o ano. Entretanto, em algumas áreas, como no sudeste do Pará e em todo o estado do Tocantins, o clima é tropical, com duas estações bem definidas, uma chuvosa e uma seca.

No noroeste do Pará e a leste de Roraima, o clima que predomina é o equatorial semiúmido, com períodos curtos de seca e temperaturas sempre elevadas. Nessas áreas chove menos que nas áreas de clima equatorial úmido.

Na Região Norte ocorre um fenômeno climático chamado **friagem**, no qual, durante alguns dias do ano, a temperatura cai muito.

Quanto à vegetação, existe grande relação entre ela e o clima: a quantidade

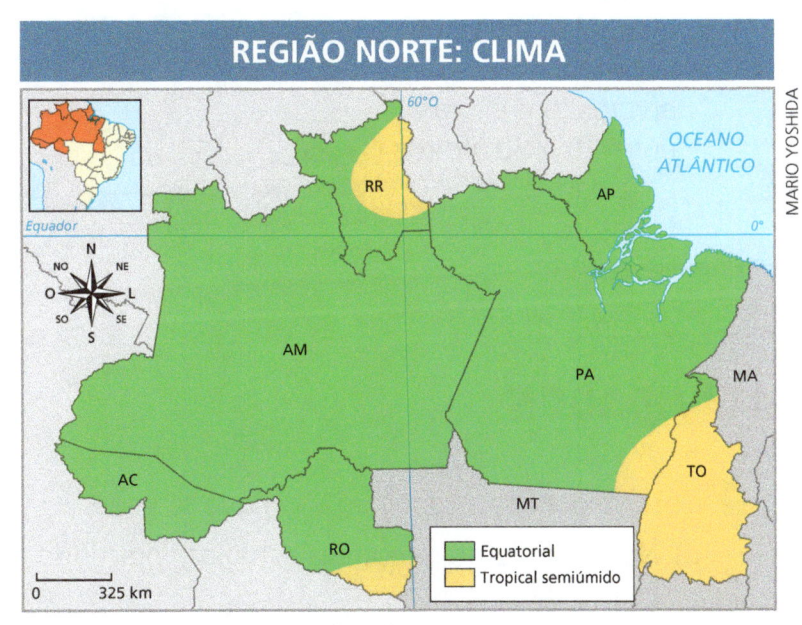

Fonte: *Atlas geográfico escolar*. Rio de Janeiro: IBGE, 2012. p. 99.

de chuvas favorece a existência da floresta, cujas plantas são muito diversificadas. E a floresta também influencia o clima, pois favorece a formação de chuvas, graças ao processo de evaporação das plantas.

Grande parte dessa região é coberta pela Floresta Amazônica, a maior floresta equatorial do mundo, que cobre cerca de 80% da Região Norte. Existem ainda áreas de Cerrado, campos e vegetação litorânea.

A Floresta Amazônica não é homogênea, isto é, sua vegetação não é igual em toda sua extensão. Há uma grande variação dependendo da altitude, o que permite classificá-la em:

- **mata de igapó** – vegetação que aparece em áreas de baixo relevo, próximas a rios, permanecendo alagada. As plantas não ultrapassam 20 metros e há muitos cipós e plantas aquáticas.
- **mata de várzea** – aparece em áreas mais elevadas, mas ainda sujeitas a inundações nos períodos de cheias. As árvores têm com cerca de 20 metros de altura e são muito espinhosas, o que dificulta o acesso.
- **mata de terra firme** – em regiões onde não ocorrem cheias, as árvores atingem de 30 a 60 metros, crescendo muito próximas umas das outras, e, por isso, dificultam a passagem da luz. Como resultado, seu interior é escuro e não há muita vegetação baixa ou rasteira.
- **floresta semiúmida** – em áreas de transição da Floresta Amazônica para outros tipos de vegetação. As árvores têm alturas entre 15 e 20 metros e perdem suas folhas no período de seca.

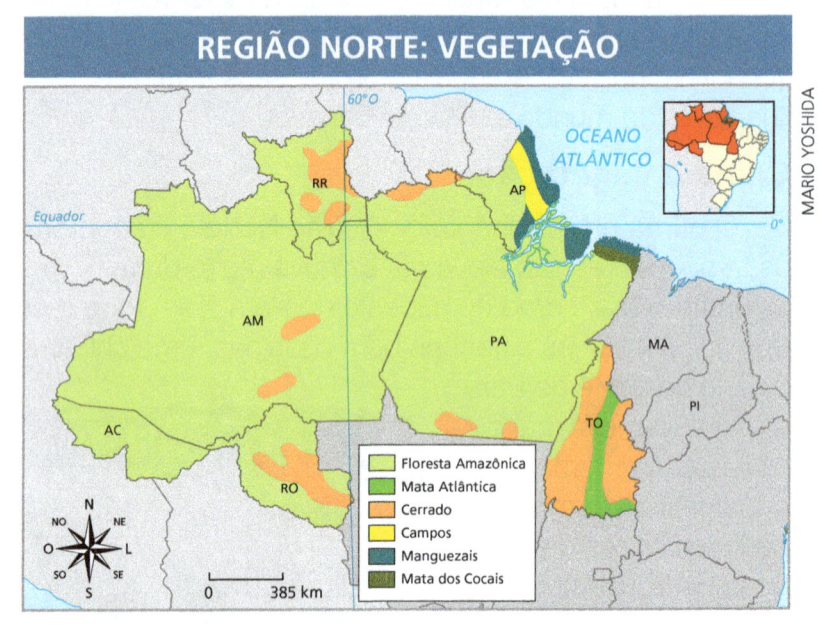

REGIÃO NORTE: VEGETAÇÃO

Fonte: Jurandyr L. S. Ross. *Geografia do Brasil*. São Paulo: Edusp, 2009. (Adaptado).

ATIVIDADES

1. Observe o mapa a seguir e faça o que se pede.

a) No seu caderno, reescreva as siglas, indicando a qual estado da Região Norte cada uma pertence.

b) Localize e circule esses rios da região: Amazonas, Xingu, Araguaia, Tocantins.

c) Pinte o estado banhado pelo maior número de rios.

REGIÃO NORTE: HIDROGRAFIA

Fonte: *Atlas geográfico escolar*. 6. ed. Rio de Janeiro: IBGE, 2012. p. 105.

2 Complete o quadro com as informações solicitadas.

REGIÃO NORTE			
Estados	Relevo predominante	Clima predominante	Vegetação predominante

3 Analise a tabela que você completou e responda às questões a seguir no caderno.

a) Qual é o relevo predominante nessa região?

b) O clima?

c) E a vegetação?

d) Qual é o estado em que a vegetação é predominantemente de Cerrado e o clima é tropical?

Aspectos econômicos

As atividades econômicas da Região Norte se desenvolvem em estreita ligação com as riquezas naturais de seus estados. Destacam-se os **extrativismos vegetal**, **mineral** e **animal**, a agropecuária e a exploração industrial e turística.

Entre essas atividades, o extrativismo ainda ocupa a posição de maior destaque, predominando o extrativismo vegetal.

Extrativismo vegetal

Da seringueira retira-se o látex, um líquido branco e leitoso, usado para a fabricação da borracha. O Amazonas é o estado em que há a maior produção de borracha, mas essa atividade perdeu a importância que teve no início do século XX, época conhecida como o "ciclo da borracha". Como resultado desse ciclo, atualmente encontramos construções ainda preservadas, como os palacetes ou o Teatro Amazonas, em Manaus, um dos mais belos da região.

A castanheira-do-pará fornece as castanhas que servem de alimento e são usadas para fabricar óleo, produtos farmacêuticos e sabão. Acre, Amazonas e Pará são os maiores produtores.

Extrativismo de castanha-do-pará em Xapuri (AC), 2012.

As madeiras, principalmente o mogno, o pau-marfim e o pau-roxo, são usadas para fabricar móveis. Apesar da existência de leis para conservar a floresta, a maior parte da madeira é retirada de forma ilegal pelas madeireiras. Grandes áreas têm sido destruídas por desmatamentos (para comércio da madeira) e queimadas (para atividade agrária e criação de gado).

Extrativismo animal

A principal extração animal acontece por meio da **pesca fluvial** e é utilizada para consumo dos próprios moradores da região. Destaca-se a pesca do peixe-boi, do pirarucu, da tartaruga e do tucunaré. Além desses, os jacarés, as aves e as onças são os animais mais caçados.

Embora também existam leis para a preservação dos animais, a pesca e a caça ainda são feitas com pouca fiscalização.

Extrativismo animal: pescadores em Acari (RN), 2014.

Extrativismo mineral

Destaca-se a exploração de minérios metálicos: manganês, ferro, cassiterita, bauxita e ouro. Na Região Norte, destacam-se:
- a Serra dos Carajás, no Pará – a maior reserva de ferro do Brasil e de onde também se extrai o manganês;
- a Serra do Navio, no Amapá – possui grande reserva de manganês.

Rondônia é responsável pela maior parte da produção nacional de cassiterita, de onde se extrai o estanho, usado para a confecção do bronze e de materiais elétricos e químicos. A maior produção de bauxita é do Pará. Da bauxita produz-se alumínio.

Área de extração mineral em Carajás, no Pará.

Agricultura e pecuária

Durante muito tempo, alimentos como mandioca, arroz, feijão, milho e frutas eram cultivados apenas para o consumo próprio. Atualmente, pratica-se a agricultura comercial. Os principais produtos cultivados na região são soja e pimenta-do-reino.

Na pecuária, destaca-se a criação de bovinos, suínos e bufalinos. É na Ilha de Marajó, no Pará, que está o maior rebanho de búfalos do país.

Criação de búfalos em Ilha de Marajó (PA), 2013.

A criação de animais é grande nos estados de Pará, Rondônia e Tocantins. Com a pecuária, desenvolve-se a indústria de laticínios. Os três estados citados são também os maiores produtores de leite da Região Norte.

Indústria, comércio e transportes

Na Região Norte estão instaladas indústrias têxteis, alimentícias, madeireiras e de produtos minerais. A indústria desenvolveu-se principalmente em Manaus (AM) e Belém (PA).

No distrito industrial da Zona Franca de Manaus se localizam indústrias de aparelhos eletroeletrônicos. Nela também há um desenvolvido centro comercial, onde são negociados artigos fabricados na região e produtos importados de outros países.

O principal produto do comércio da região é a madeira. A cidade de Belém tem significativa influência comercial regional. Por seu porto é feita a exportação de borracha, madeira, castanha-do-pará, **juta**, manganês, ferro e outros produtos industrializados.

O tipo predominante de transporte é o fluvial, por causa da grande quantidade de rios de planície adequados à navegação existente na região.

A Estrada de Ferro Carajás leva minérios da Serra de Carajás (PA) ao Porto de Itaqui (MA). A Estrada de Ferro Amapá leva o manganês extraído da Serra do Navio ao Porto de Santana (AP). Os aeroportos mais movimentados são os de Manaus (AM) e de Belém (PA).

Distrito Industrial em Manuas (AM), 2014.

Turismo

O turismo é uma atividade que vem crescendo na região, principalmente o ligado à conservação da natureza e à pesca. As principais atrações são: a Floresta Amazônica e o Rio Amazonas com seus **igarapés**; construções históricas em Manaus (AM), como o Teatro Amazonas; Parque Emílio Goeldi, em Belém (PA) e Centro de Preservação de Arte Indígena, em Santarém (PA); Rio Araguaia (TO), com a Ilha do Bananal e a pesca. As festas populares também são muito procuradas.

Festival folclórico de Parintins, Amazonas, 2012.

VOCABULÁRIO

juta: planta da qual se extrai uma fibra que é usada na confecção de roupas.
igarapé: rio pequeno que tem as mesmas características dos grandes e é geralmente navegável por embarcações pequenas ou canoas.

Uso sustentável dos recursos naturais da floresta

Você sabe o que é "uso sustentável"?

É utilizar os recursos da natureza para beneficiar o ser humano, mas sem destruí-la. Atualmente, essa postura tem levado o governo a aprovar leis para impedir a exploração intensa de áreas como a Floresta Amazônica e apoiar o aproveitamento sustentável dela. Existem diversas propostas de atividades integradas que visam a conservação do solo e da floresta. Leia o trecho a seguir, que trata disso:

"A integração lavoura-pecuária-floresta (iLPF) é uma das mais importantes estratégias para uma produção agropecuária sustentável, pois possibilita que as atividades agrícolas, pecuárias e florestais sejam integradas na mesma área.

Criação de gado em propriedade rural no no Pará, 2015.

Os benefícios dessa tecnologia são a redução da pressão por desmatamento, a diversificação na renda do produtor rural e a diminuição das emissões de gases de efeito estufa (GEE). A iLPF gera ainda melhorias no solo, equilibra a utilização dos recursos naturais e mantém a qualidade da água.

Estima-se que com a adoção da tecnologia é possível duplicar a produção de grãos e de produtos florestais e triplicar a produção pecuária nos próximos 20 anos, apenas com a recuperação de pastagens degradadas e sem a necessidade de desmatamento. Com seu uso, ganham a economia, o produtor e o planeta."

<https://www.agron.com.br>.
Acesso em: 18 jul. 2018.

- Converse com os colegas e com o professor e responda:
  a) O que você entendeu por "uso sustentável".
  b) O que significa iLPF.
  c) Quem sai ganhando com o uso sustentável dos recursos da floresta.

ATIVIDADES

1 Indique as palavras que completam melhor as informações sobre a Região Norte.

> Pará   búfalos   estanho   pimenta-do-reino
> Belém   jacaré   Amazonas   seringueira

a) De onde é extraído o látex: _____.

b) É extraído da cassiterita: _____.

c) Um dos animais mais caçados: _____.

d) Um dos principais produtos cultivados: _____.

e) Maior rebanho está na Ilha de Marajó: _____.

f) Município com importante centro comercial da região: _____.

g) Estados onde a indústria se desenvolveu: _____.

2 Imagine que você vai viajar para a Região Norte e está escolhendo os pontos turísticos para conhecer. Olhando o conjunto de fotos da Região Norte e outras referências que você puder obter, como revistas de viagem, responda às questões a seguir.

a) Quais pontos turísticos você gostaria de visitar? Justifique.

_____
_____
_____

b) Escreva seu roteiro de visita.

_____
_____
_____
_____

Aspectos humanos

A população da Região Norte é pequena, superando apenas a da Região Centro-Oeste. O estado mais populoso é o Pará, e o que tem menos habitantes é Roraima.

A maior parte é formada por caboclos, ou seja, descendentes de brancos e indígenas. Embora o número de povos indígenas esteja bem reduzido, é na Região Norte que se concentra sua maior população. Também há muitos descendentes de migrantes de outras regiões, como do Sul e do Sudeste.

Formada a partir das relações históricas entre os diferentes povos, a população da região apresenta manifestações socioculturais diversas expressas na vida cotidiana, sejam nas relações de trabalho, educação, religião, cultura, hábitos alimentares e/ou familiares.

Como na Região Norte existem atividades econômicas específicas, alguns trabalhadores executam funções típicas da região:

- **seringueiro** – se dedica à extração do látex da seringueira e, com ele, prepara a borracha;
- **juticultor** – cultiva a juta para obtenção de fibras têxteis;
- **vaqueiro** – guarda ou condutor de gado. Na região, trabalha principalmente na Ilha de Marajó e no estado do Tocantins;
- **garimpeiro** – trabalha à procura de ouro e diamantes;
- **castanheiro** – trabalhador típico da região, responsável por colher/apanhar castanha-do-pará.

Garimpo de diamante.

A comunidade ribeirinha

Caracteriza-se por viver à beira dos rios e sobreviver de pesca artesanal, caça, roçado e extrativismo. Por influência dos aspectos geográficos do país, é na Amazônia que se concentra grande parte das comunidades ribeirinhas.

Seu modo de organização social é reconhecido por ser diretamente associado à dinâmica da natureza. A comunidade apresenta proximidade com os aspectos da fauna e da floresta da região, conhecendo o caminho das águas, os sons da mata, a terra etc. É uma comunidade que cuida do ambiente, preservando seus recursos naturais. Essa característica é uma estratégia de sobrevivência e, também, parte do desenvolvimento sustentável que alimenta a cultura e os saberes que são transmitidos de geração para geração.

A maioria das moradias são **palafitas** e não possuem energia elétrica, água encanada ou saneamento básico. Isso porque as comunidades ribeirinhas ficam à margem de uma série de políticas públicas e mecanismos de controle da qualidade de vida.

Em alguns casos, a situação geográfica de muitas dessas comunidades é um dos principais fatores limitantes de acesso aos serviços básicos de saúde e educação.

Do mesmo modo que nos centros urbanos as pessoas fazem uso das ruas para se locomoverem, os ribeirinhos utilizam o rio para transitar. Também é no rio que eles realizam algumas atividades que lhes proporciona renda. Duas dessas atividades são a pesca e o extrativismo. Muitos ribeirinhos trabalham na extração da malva, uma planta muito comum na bacia do Rio Amazonas, que é matéria-prima utilizada pela indústria na produção de estofados e tecidos.

O rio influencia na construção das casas do ribeirinho. Geralmente, essas casas são construídas de frente para o rio, o que evidencia a importância e o poder simbólico do rio para os ribeirinhos.

A comunidade ribeirinha também atua nas atividades agrícolas, plantando milho e mandioca, na produção da farinha e na coleta da castanha e do açaí.

> **VOCABULÁRIO**
>
> **palafitas:** é o conjunto de estacas que sustentam habitações construídas sobre a água; moradia construída em regiões alagadiças.

Aspectos culturais

A Região Norte tem uma cultura muito rica, relacionada à herança indígena, portuguesa e de outros grupos que para ali se deslocaram e fixaram. O folclore, a culinária, as tradições e os costumes da população da Região Norte a diferenciam do restante do Brasil e atraem turistas.

O folclore e a culinária

O folclore nortista foi muito influenciado pelos indígenas. As principais manifestações folclóricas da região são:

- **danças** – marujada, carimbó, cirandas, bumba meu boi;
- **artesanato** – máscaras, cestas e cocares indígenas, **cerâmica marajoara**, artigos feitos com palha, **buriti**, couro de búfalo, rendas de **bilro**;
- **lendas** – do Sumé, das Amazonas, da Mãe-d'água, do Curupira, da Vitória--Régia, da Mandioca, do Uirapuru;
- **festas** – do Círio de Nazaré, em Belém (PA), que ocorre no segundo domingo de outubro, boi-bumbá de Parintins (AM), que ocorre em junho.

A herança dos povos indígenas também pode ser percebida na culinária, que se baseia em iguarias feitas de mandioca e peixe. Entre os pratos típicos encontramos a caldeirada de tucunaré, tacacá, tapioca, pato no tucupi, carne de búfalo e peixes, como o pirarucu.

Há grande consumo de carne de sol no estado do Amapá. No Amazonas e no Pará, um prato muito apreciado é o tacacá, uma espécie de sopa em que os ingredientes são goma de mandioca, tucupi, camarão seco, uma erva chamada jambu e pimenta. O tacacá costuma ser tomado em cuias, um hábito que vem dos indígenas.

Já no Pará, um prato muito apreciado é o pato no tucupi. Tucupi é um caldo de mandioca cozida e espremida em uma peneira.

Na Ilha de Marajó, por causa da enorme criação de búfalos, há pratos especiais também, como o frito do vaqueiro (carne com pirão de leite). Também se usa muito a muçarela de búfala.

Quanto às frutas, a Região Norte apresenta grande variedade, pois a Floresta Amazônica possui inúmeras espécies, algumas pouco conhecidas no país, como: pupunha, buriti, cupuaçu, bacuri, açaí, taperebá, graviola e tucumã.

> **VOCABULÁRIO**
>
> **cerâmica marajoara:** tipo de cerâmica produzida pelos povos indígenas que ocupavam a Ilha de Marajó durante o período de 400 a 1400 d.C.
> **buriti:** palmeira da qual se extraem fibras e óleo.
> **bilro:** peça de madeira utilizada para fazer renda.

ATIVIDADES

1 Por que há tantas queimadas na Região Norte? Elas são feitas com quais objetivos?

2 Quais são as consequências dessas queimadas?

_____

_____

3 Descreva o tipo de trabalho realizado pelos trabalhadores a seguir.

a) Seringueiro: _____.

b) Castanheiro: _____.

c) Juticultor: _____.

d) Vaqueiro: _____.

4 A pesca é uma prática que vem sendo desenvolvida por séculos na Amazônia e, agora, aprimorada pelo uso de utensílios adequados às necessidades da comunidade tradicional ribeirinha da Região Norte, para maior produção em tempo disponível. Em dupla, pesquisem quais os utensílios usados na pesca pelos ribeirinhos e produza um texto sobre a influência indígena nessa atividade.

5 A dinâmica produtiva nas comunidades ribeirinhas guia-se pela relação homem-natureza. A população utiliza-se de saberes tradicionais acumulados de geração em geração. Com base na afirmação assinale as alternativas correspondentes:

☐ Utilizam a influência da Lua nas atividades de corte da madeira, da pesca, do roçado, os sistemas de manejo dos recursos naturais.

☐ Utilizam arpão na pesca.

☐ A natureza não é respeitada.

6 Reúna-se em dupla e pesquisem alguma festa tradicional, danças, lendas da Região Norte e pratos típicos. Em seguida, façam uma síntese.

a) Festa popular: _____.

b) Dança típica: _____.

c) Lenda: _____.

d) Prato típico: _____.

EU GOSTO DE APRENDER

Nesta lição, você estudou estes tópicos.

- A Região Norte, a mais extensa do Brasil, é formada por Acre, Amazonas, Amapá, Pará, Rondônia, Roraima e Tocantins.
- O relevo da Região Norte se caracteriza pela predominância de depressão. Na hidrografia destacam-se o Rio Amazonas e seus afluentes, mas a Bacia do Rio Tocantins também é importante. Nesse rio está instalada a Usina Hidrelétrica de Tucuruí.
- O clima predominante é o equatorial e a vegetação que mais aparece é a de Floresta Amazônica.
- As atividades econômicas são ligadas principalmente ao extrativismo vegetal (borracha das seringueiras, castanhas-do-pará, madeira etc.), extrativismo animal (pesca, caça) e extrativismo mineral (exploração de minerais metálicos). Destacam-se também atividades agrícolas comerciais (cultivo de arroz, feijão, soja, pimenta-do-reino) e criação de animais (bovinos, bufalinos, suínos).
- O turismo tem grande destaque, pela atração histórica e natural, com destaque para o Rio Amazonas e a Floresta Amazônica.
- A maior parte da população da Região Norte descende de brancos e indígenas (caboclos), com presença muito grande de diversos grupos indígenas.
- Um tipo comum de habitação é a moradia de palafita, construção sobre estacas dentro da água, própria para enfrentar a época das enchentes.
- A forte tradição indígena manifesta-se também na culinária, com o uso de pratos à base de mandioca, peixes e ervas regionais.
- A comunidade ribeirinha caracteriza-se por viver à beira dos rios e sobreviver da pesca artesanal, caça, roçado e extrativismo.

ATIVIDADES

1. No caderno, desenhe um mapa da Região Norte, indicando seus estados e suas capitais.

2. Associe corretamente as duas colunas a seguir.

   A — Manaus e Belém
   B — Serra de Carajás e Serra do Navio
   C — Ilha de Marajó

   ( ) Maior rebanho de búfalos do país.
   ( ) Indústria têxtil, indústria alimentícia, madeireiras.
   ( ) Atividades de extração de minério.

EU GOSTO DE APRENDER+

Os Korubo, povo indígena isolado da Amazônia

Ainda existem povos indígenas na Amazônia que nunca tiveram ou que tiveram pouquíssimo contato com os demais grupos de brasileiros.

Em 2013, uma pequena comunidade de um desses povos, os Korubo, foi notícia na imprensa, porque alguns membros do grupo começaram a se aproximar de pessoas consideradas como não indígenas. Sabe-se que esse povo vive no vale do Rio Javari, no estado do Amazonas, na confluência dos rios Ituí e Itaquaí. Têm uma população de cerca de 200 pessoas e são chamados por outros grupos de "índios caceteiros", porque usam bordunas (ou cacetes) como armas e instrumentos de caça.

Uma tradição entre os índios Korubo é o corte de cabelo: eles costumam raspar todo o crânio com um capim típico da região e deixam apenas uma espécie de franja, que desce do alto da cabeça até a testa.

ATIVIDADES COMPLEMENTARES

1 Marque a alternativa correta sobre o texto que você leu.

☐ Não existem mais povos indígenas isolados na Amazônia.

☐ Ainda existem grupos indígenas isolados na Amazônia e um deles é o dos Korubo.

☐ Os indígenas Korubo fizeram contato com os demais grupos não indígenas há mais de 200 anos.

☐ Os indígenas Korubo são chamados de "homens borduna" pelo corte de cabelo que usam.

☐ Os indígenas Korubo nunca saíram na imprensa.

2 Por que os índios Korubo apareceram em notícias da imprensa em 2013?

_____
_____
_____

3 De acordo com o texto e com a fotografia mostrada, os Korubo têm tradições? Você consegue descrever alguma?

_____
_____
_____
_____
_____

4 Você conhece uma tradição de outro grupo indígena? Qual? Conte como é essa tradição para seus colegas.

LEIA MAIS

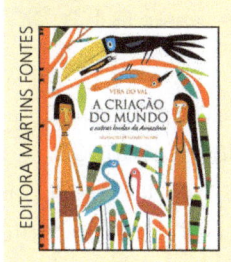

A criação do mundo e outras lendas da Amazônia

Vera do Val. São Paulo: Martins Fontes, 2008.

Contos selecionados da obra *O imaginário da floresta*, que falam das origens – da noite, das estrelas, da lua, dos rios, do mundo –, da qual a autora recolheu lendas e mitos dos povos amazônicos.

LIÇÃO 5

Brasil: Região Nordeste

Nesta lição, vamos estudar a Região Nordeste. Olhe com atenção a fotografia. Ela mostra algo que é típico dos estados do Nordeste e as pessoas apreciam muito. Você sabe o que é?

Quem respondeu "cordel" acertou! São livretos onde estão escritos poemas e histórias divertidas, que narram fatos importantes ou descrevem locais. É um tipo de literatura criado pelo povo nordestino. Os poetas do Nordeste costumam cantar esses versos, acompanhados de viola, em duplas. Há também cantores que desafiam o outro a fazer rimas e a inventar versos.

A seguir, aprecie outra fotografia e leia a legenda. Esse local fica no Nordeste?

Literatura de cordel à venda na Feira de São Cristóvão, Rio de Janeiro (RJ), 2014.

Loja de produtos típicos no Centro Municipal Luiz Gonzaga de Tradições Nordestinas, Rio de Janeiro (RJ), 2017.

Como você leu na legenda, esse local é um centro cultural na cidade do Rio de Janeiro, onde se realiza uma feira nordestina. Sabe por quê? A população carioca, hoje em dia, é formada também por milhares de migrantes da Região Nordeste, que se deslocaram em busca de trabalho. Essas pessoas enriqueceram a cultura do Sudeste com suas tradições e costumes.

Agora, vamos estudar as características mais importantes da Região Nordeste.

Divisão política

O Nordeste é a **região** brasileira com maior número de estados: são nove: Maranhão, Piauí, Ceará, Rio Grande do Norte, Paraíba, Pernambuco, Alagoas, Sergipe e Bahia – todos são banhados pelo mar.

Nessa região localiza-se quase metade do litoral brasileiro.

Em comparação com as outras regiões do Brasil, é a terceira maior em território e a segunda em tamanho da população.

Foi nesse **território** que os portugueses iniciaram a exploração das riquezas brasileiras, quando aqui chegaram no século XVI: eles introduziram o cultivo da cana-de-açúcar nas terras onde hoje é o estado de Pernambuco. A cana-de-açúcar foi a base econômica do Brasil por muitos séculos.

REGIÃO NORDESTE: DIVISÃO POLÍTICA

Fonte: Atlas geográfico escolar. 6. ed. Rio de Janeiro: IBGE, 2012. p. 94.

Estados	Siglas	Capitais	Área (km²)	População estimada
Maranhão	MA	São Luís	331 936,949	7 000 229
Piauí	PI	Teresina	251 611,929	3 219 257
Ceará	CE	Fortaleza	148 887,633	9 020 460
Rio Grande do Norte	RN	Natal	52 811,107	3 507 003
Paraíba	PB	João Pessoa	56 468,435	4 025 558
Pernambuco	PE	Recife	98 076,021	9 473 266
Alagoas	AL	Maceió	27 848,140	3 375 823
Sergipe	SE	Aracaju	21 918,443	2 288 116
Bahia	BA	Salvador	564 732,450	15 344 447

Fonte: Fonte: IBGE, 2017. Disponível em: <http://www.ibge.gov.br/estadosat/index.php>. Acesso em: 15 jul. 2018.

O estado do Maranhão localiza-se entre as regiões Norte e Nordeste e apresenta enorme diversidade de ecossistemas, isto é, de sistemas vivos que compõem a flora e a fauna. Em território maranhense são encontradas áreas de praias tropicais, Floresta Amazônica, Cerrados, mangues e deserto com milhares de lagoas de águas cristalinas. Por isso, o estado possui diversos polos turísticos. O principal é São Luís, a capital.

Que ideia você tem quando ouve falar na Região Nordeste?

O Ceará é o décimo terceiro estado mais rico do país e o terceiro mais rico do Nordeste. Seu litoral tem belas praias, que atraem turistas do mundo inteiro. O símbolo da cultura e do povo cearense é a jangada, meio de transporte e de pesca ainda comum ao longo da costa.

O Piauí é um estado que possui mais de 3 milhões de pessoas predominantementes pardas (cerca de 70%). Nesse estado passa um importante rio, o Parnaíba, responsável pelo abastecimento de boa parte da população e cujas águas são utilizadas na agricultura. Além da agricultura e pecuária, o extrativismo se destaca como atividade econômica no estado.

O estado do Rio Grande do Norte localiza-se bem no vértice nordeste da América do Sul e, por essa posição, é chamado de "uma das esquinas" da América. Além de se destacar pelas praias de rara beleza, o Rio Grande do Norte possui muitas salinas e produz 95% do sal brasileiro.

A Paraíba, cuja capital e cidade mais populosa é João Pessoa, destaca-se por diversas características culturais, entre elas o fato de ter sido o berço de vários poetas, escritores, músicos, pintores e políticos brasileiros, como Augusto dos Anjos, José Américo de Almeida, José Lins do Rêgo, Pedro Américo (pintor de quadros históricos), Assis Chateaubriand (fundador dos *Diários Associados*, da TV Tupi e do Museu de Arte de São Paulo Assis Chateaubriand, o Masp), Ariano Suassuna, Celso Furtado, Luísa Erundina e muitos outros.

O território do estado de Pernambuco, cuja capital é Recife, possui dois arquipélagos: Fernando de Noronha e São Pedro e São Paulo. É uma das regiões de colonização mais antigas da América. Quando o Brasil era colônia portuguesa, Pernambuco foi a mais rica das capitanias, por causa de sua produção e exportação de açúcar.

O estado de Alagoas é um dos menores do Brasil em extensão territorial, sendo maior apenas que Sergipe. É grande produtor de cana-de-açúcar e coco-da-baía, mas sua atividade econômica mais importante é a agropecuária. No passado teve forte presença indígena e foi destino de grandes levas de africanos escravizados. Sua tradição cultural é riquíssima, com destaque para o folclore.

O menor estado brasileiro em extensão territorial é o de Sergipe, cuja capital, Aracaju, é sede de um dos maiores eventos juninos do Nordeste do país, o Forró--caju: durante 14 noites há atrações e apresentações entre os mercados Albano Franco e Thales. Essa festa chega a atrair público de 1 milhão de pessoas.

O estado da Bahia, por ter sido no passado colonial uma rica capitania exportadora de açúcar, recebeu os maiores contingentes de africanos escravizados do Brasil. Por isso, sua cultura, tanto na capital Salvador como em outras cidades, é até hoje fortemente marcada pela tradição africana, o que pode ser percebido na música, na culinária, na religião e no modo de vida da população.

Uma das figuras típicas do estado é a baiana que vende acarajé, um prato típico.

ATIVIDADES

1 Retome a tabela com dados dos estados da Região Nordeste e responda às questões. Escreva o nome e a respectiva sigla:

a) do estado de maior área, isto é, de maior extensão territorial.

_____.

b) do estado de menor área, isto é, de menor extensão territorial.

_____.

c) dos dois estados mais populosos.

_____.

d) do estado menos populoso.

_____.

2 Organize os estados da Região Nordeste, do maior para o menor, em área territorial. Liste-os a seguir.

_____

_____

_____

3 Qual é a característica comum a todos os estados do Nordeste?

_____

_____

_____

Aspectos físicos

Na Região Nordeste, o **relevo** é formado por planícies litorâneas e áreas de depressão e planalto. A hidrografia caracteriza-se por rios perenes e temporários e o clima é tropical, de temperaturas altas. A **vegetação** predominante é a Caatinga.

Relevo e hidrografia

O litoral nordestino é contornado por uma faixa de terras baixas onde aparecem as praias, as dunas, os **mangues**, as restingas e os **recifes**. No litoral nordestino está o Arquipélago de Fernando de Noronha, que pertence ao estado de Pernambuco.

Na área de planaltos, destacam-se o Borborema e a Bacia do Rio Parnaíba. Existem as chapadas, áreas altas e planas, como a Chapada Diamantina, na Bahia. Nas depressões localiza-se o sertão, uma sub-região de clima semiárido.

Raízes do Mangue Vermelho na foz do Rio Preguiças em Barreirinhas (MA), 2013.

VOCABULÁRIO

mangue: tipo de vegetação que se forma junto às áreas alcançadas pelas marés, foz dos rios ou margem de rios e lagoas.

recife: rochedo ou série de rochedos situados próximos à costa, submersos ou a pequena altura do nível do mar.

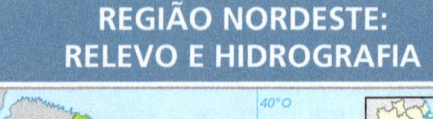

O **rio permanente** mais importante é o São Francisco. Ele liga as regiões Nordeste e Sudeste. Suas águas servem para abastecer as cidades, irrigar terras para agricultura, pescar e produzir energia. Nele se localizam as usinas hidrelétricas de Paulo Afonso, Itaparica, Apolônio Sales e Sobradinho. O **rio temporário** mais extenso é o Jaguaribe, no Ceará.

REGIÃO NORDESTE: RELEVO E HIDROGRAFIA

Fonte: Jurandyr L. S. Ross. *Geografia do Brasil escolar*. São Paulo: Edusp, 2009. p. 53.

Vegetação e clima

Na Região Nordeste há quatro sub-regiões definidas de acordo com o clima, a vegetação e a exploração econômica. Nelas encontramos diferentes tipos de vegetação, conforme podemos ver no mapa ao lado.

Veja agora as sub-regiões e as características de cada uma delas.

Sertão

Interior do Nordeste, onde as chuvas são escassas e distribuídas irregularmente. A vegetação predominante é a Caatinga e os solos são rasos. Também é conhecida como a região do semiárido.

A pecuária extensiva e a agricultura comercial de alguns produtos são as principais atividades econômicas do Sertão.

Modernas técnicas de irrigação aliadas às condições do clima têm atraído empresas do Sul do país para esta sub-região.

Zona da Mata

Trecho que se estende do litoral do Rio Grande do Norte ao litoral da Bahia e originalmente era recoberto pela Mata Atlântica. A exploração da cana-de-açúcar fez praticamente desaparecer a vegetação original. É a sub-região mais industrializada e desenvolvida economicamente, onde as chuvas são bem distribuídas ao longo do ano e o solo é fértil. Entretanto, apresenta graves problemas sociais, como um alto índice de desemprego e salários muito baixos.

REGIÃO NORDESTE: VEGETAÇÃO

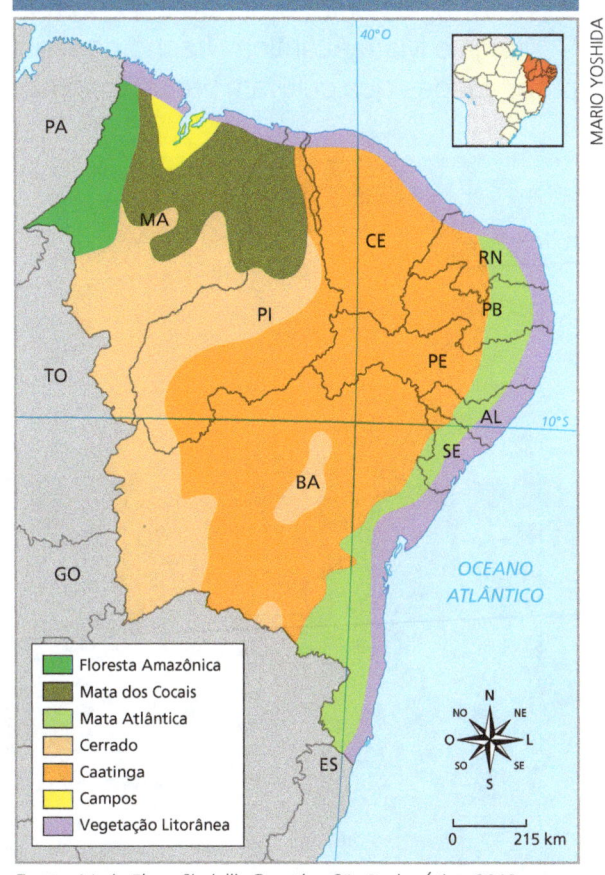

Fonte: Maria Elena Simielli. *Geoatlas*. São Paulo: Ática, 2012.

Vegetação de Caatinga, localizada no Sertão nordestino do estado de Alagoas, 2015.

Agreste

Sub-região entre o Sertão e a Zona da Mata, com vegetação característica de Caatinga e Mata Atlântica. Trecho com predomínio de policultura, ou seja, pequenas propriedades que cultivam vários produtos.

Vegetação do Agreste alagoano, 2015.

Meio-Norte

Sub-região localizada no estado do Maranhão e parte do Piauí. É uma faixa de transição entre o Sertão e a Floresta Amazônica. A vegetação original era constituída pela Mata dos Cocais, que favoreceu atividades de extração das palmeiras de carnaúba e de babaçu.

O clima na Região Nordeste pode ser assim classificado:
- **tropical**, presente nos estados da Bahia, Ceará, Maranhão e Piauí;
- **tropical úmido**, na Zona da Mata; do litoral da Bahia ao litoral do Rio Grande do Norte;
- **tropical semiárido**, no sertão, com temperaturas muito elevadas e secas prolongadas;
- **equatorial**, no oeste do Maranhão, onde se localiza parte da Floresta Amazônica, onde as temperaturas são altas e chove o ano todo.

ATIVIDADES

1 Complete corretamente as frases.

a) O clima na Região Nordeste varia entre o _____ e _____,

   _____ e _____.

b) Os tipos de relevo da Região Nordeste são _____, _____

   e _____.

c) Rios permanentes são _____.

d) Rios temporários são os que _____.

2 Relacione o tipo de vegetação ao local em que ela ocorre no Nordeste.

| 1 | Caatinga | 3 | Mata Atlântica | 5 | Mata dos Cocais |

| 2 | Cerrado | 4 | Floresta Amazônica |

☐ Estados do Maranhão, Piauí e Bahia

☐ Estados do Maranhão e Piauí

☐ Sertão nordestino

☐ Pequenos trechos da Zona da Mata

☐ Meio-Norte

3 Cite o nome de dois principais rios da região.

_____

_____

_____

4 Com base nas informações sobre as sub-regiões, responda às atividades a seguir.

a) Escreva o nome da sub-região que tem atraído empresas do Sul do país.

_____

b) Em que sub-região a Mata Atlântica praticamente desapareceu em função do cultivo da cana-de-açúcar? _____

c) Qual é o tipo de agricultura predominante no Agreste?

_____

d) A atividade de extração da carnaúba e do babaçu é bastante desenvolvida em qual das sub-regiões? _____

5 Analise novamente os mapas das páginas 79 e 80 e complete com as informações sobre a Região Nordeste.

a) Relevo predominante: _____.

b) Estados onde esse relevo é encontrado: _____

_____.

c) Vegetação predominante: _____.

d) Estados onde essa vegetação é encontrada: _____

_____.

6 Reúna-se em grupo e escolham um dos temas a seguir para pesquisar.

a) A importância da cultura do algodão para o Agreste.

b) Cultura mecanizada da soja no Meio-Norte: importância para as pessoas dessa sub-região.

c) As subdivisões da Zona da Mata: nome e principais atividades desenvolvidas.

d) Babaçu e carnaúba: os principais produtos extraídos e utilização.

Vocês deverão montar um cartaz sobre o tema escolhido. Escrevam um pequeno texto e colem imagens que ilustrem a informação. Se possível, coloquem também um mapa da região. Cada grupo deverá expor seu cartaz, explicando aos colegas o que está retratado.

Aspectos econômicos

A Região Nordeste é uma das regiões que mais crescem economicamente no Brasil atual. Sua **economia** baseada no extrativismo, na agropecuária, na indústria e no turismo tem atraído de volta milhares de nordestinos. É a chamada **migração de retorno**, que é o deslocamento das pessoas que haviam migrado para outros estados em busca de trabalho e estão de volta aos seus municípios de origem, onde podem trabalhar e viver.

Extrativismo vegetal

Na Região Nordeste, principalmente no Meio-Norte, exploram-se a carnaúba e o babaçu.

Da carnaúba aproveitam-se os frutos, as sementes, as folhas e as raízes. O Brasil é o maior produtor de cera de carnaúba do mundo. Grande parte da produção nacional é exportada.

Do babaçu são usados o caule, a folha, o palmito e o coco.

Palmeita babaçu, Piauí, 2017.

São extraídos também vegetais, como a oiticica, a juta, o caroá, usado na fabricação de linho, cordas e tapetes, o dendê e a piaçava.

Extrativismo animal

Pratica-se a pesca do camarão, do atum, da tainha, da lagosta e de moluscos. Modernos barcos pesqueiros têm substituído a tradicional jangada, embora jangadeiros ainda sejam uma presença marcante no litoral nordestino. Os estados que mais se destacam na atividade pesqueira são o Maranhão, o Ceará e a Bahia.

Mulheres no trabalho de extração de caranguejos em Cairú (BA), em 2017.

Extrativismo mineral

Destaca-se a exploração do petróleo no litoral da Bahia e de sal marinho no Rio Grande do Norte, que é o maior produtor desse minério no Brasil.

Outros recursos minerais da região são o calcário, o mármore, o chumbo e o cobre.

Agricultura e pecuária

A **agricultura** e a **pecuária** são as atividades mais importantes da região.

As principais culturas são as de cana-de-açúcar e cacau, desenvolvidas na Zona da Mata. Pernambuco e Alagoas são dois dos maiores produtores de cana-de-açúcar do Brasil. A Bahia é responsável por quase toda a produção de cacau no país. Na Zona da Mata também são plantados mandioca, milho, feijão, algodão, sisal, arroz e frutas.

No Agreste, a agricultura destina-se principalmente ao consumo da população. O milho, o café, o feijão, o arroz, a batata-doce, a mandioca e as frutas tropicais são os principais produtos cultivados.

Os únicos produtos cultivados para fins comerciais são o algodão e o agave – planta da qual se extrai fibra utilizada na fabricação de barbantes, cordas e tapetes.

Extensas áreas da Região Nordeste, próximas ao Rio São Francisco, são **irrigadas** e nelas cultivam-se frutas. No Meio-Norte cultivam-se algodão, arroz, milho e mandioca.

A atividade da pecuária se destaca em diversos estados da Região Nordeste. Os maiores rebanhos bovinos estão na Bahia, no Maranhão, no Ceará, em Pernambuco e no Piauí. No sertão, onde a pecuária é uma atividade tradicional, os produtores enfrentam dificuldades devido às constantes secas.

Eventos típicos no Nordeste são as feiras de gado, que ocorrem em cidades como Campina Grande, Feira de Santana e Caruaru.

> **VOCABULÁRIO**
>
> **irrigada:** área que recebe água de rios por meio de canais, para molhar os terrenos onde é feito o plantio.

Criação de gado bovino no sertão alagoano, 2015.

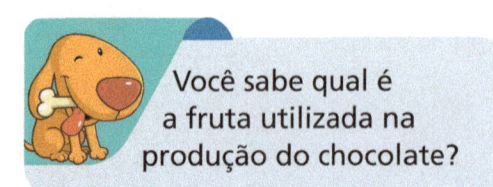

> Você sabe qual é a fruta utilizada na produção do chocolate?

Indústria, comércio e transportes

As principais **indústrias** encontradas na Região Nordeste são: açucareira, de pescado, de fiação e tecelagem, petrolífera e de laticínios.

Os principais centros industriais estão localizados nas cidades de Recife (PE), Salvador (BA), Fortaleza (CE), Aratu (BA), Cabo de Santo Agostinho, Jaboatão dos Guararapes e Paulista (PE). Em Campina Grande (PB) também foram instalados centros industriais importantes.

Artesanatos à venda em mercado de Maceió, 2015.

O comércio desenvolve-se principalmente nas capitais dos estados.

Os principais produtos comprados são industrializados: máquinas, equipamentos industriais e eletrônicos, combustíveis e veículos.

A rodovia é a via de transporte mais utilizada na região.

A navegação marítima é essencial para o transporte de mercadorias. Os principais portos marítimos são: Iltaqui (MA), Salvador (BA), Recife (PE), Cabedelo (PB), Fortaleza (CE).

O transporte aéreo é mais utilizado pelos passageiros que seguem para as áreas turísticas. Os aeroportos mais movimentados são os de Salvador (BA), Recife (PE) e Fortaleza (CE).

Os rios São Francisco e Parnaíba são importantes para o transporte fluvial.

Turismo

Santuário de São Francisco das Chagas em Juazeiro do Norte (CE), 2015.

O **turismo** é uma atividade econômica muito desenvolvida no Nordeste. O extenso e bonito litoral é atrativo turístico da região, destacando-se praias como Arraial d'Ajuda e Morro de São Paulo, na Bahia; Atalaia e Pirambu, em Sergipe; Pajuçara e Maragogi, em Alagoas; Porto de Galinhas e Itamaracá, em Pernambuco; Cabedelo e Tambaba, na Paraíba; Genipabu e Pipa, no Rio Grande do Norte; Jericoacoara e Canoa Quebrada, no Ceará; Coqueiro e Pedra do Sal, no Piauí; e Curupu e Atins, no Maranhão.

Outro local muito procurado é o arquipélago de Fernando de Noronha, onde a natureza é bastante preservada e apresenta uma diversificada fauna marinha, tendo até a presença de golfinhos saltadores.

O Carnaval é um dos grandes atrativos do Nordeste, principalmente na cidade de Salvador e Recife. Em Salvador, a festa atrai milhões de foliões.

ATIVIDADES

1 Descreva as principais atividades econômicas da Região Nordeste.

a) Extrativismo vegetal: _____

_____

b) Extrativismo animal: _____

_____

c) Extrativismo mineral: _____

_____

2 Junte as sílabas para formar o nome de alguns produtos agrícolas da Região Nordeste.

1	2	3	4	5	6
ca	de	man	fru	di	a

7	8	9	10	11	12
çú	tas	o	cau	na	car

a) A Bahia é responsável por quase toda a produção de _____ no país. (1, 10)

b) Pernambuco e Alagoas são dois dos maiores produtores de _____ do Brasil. (1, 11, 2, 6, 7, 12)

c) A _____ é plantada na Zona da Mata e no Agreste. (3, 5, 9, 1)

d) As _____ são cultivadas na Zona da Mata, no Agreste e nas áreas irrigadas. (4, 8)

3 Quais são os principais tipos de indústria da Região Nordeste?

_____

_____

_____

_____

Aspectos humanos

A população da Região Nordeste é formada, predominantemente, por brancos, negros e pardos.

Ela é a segunda região mais populosa do Brasil. Entretanto, a população está distribuída de forma desigual. A maior parte das pessoas vive nas capitais dos estados e nas cidades litorâneas.

No interior, a população é menos numerosa, por motivos históricos e por causa do clima semiárido e das secas.

Os trabalhadores típicos da Região Nordeste são:
- **vaqueiro** – guarda ou condutor de vacas, no Sertão;
- **jangadeiro** – dono ou patrão de embarcações chamadas jangadas; que conduz jangadas;
- **barranqueiro** – habitante ribeirinho do Rio São Francisco que percorre de barco esse rio, transportando pessoas e mercadorias;
- **baiana** – vendedora de comidas típicas da região, como acarajé e vatapá;
- **rendeira** – mulher que fabrica ou vende rendas;
- **coletor de coco** – retira os cocos dos coqueiros.

Rendeira trabalhando em Nísia Floresta (RN), 2012.

Aspectos culturais

A riqueza cultural da Região Nordeste se expressa no folclore, na culinária, na música, nas danças e nas festas. Por ser uma das áreas de colonização mais antigas do Brasil, a enorme mistura de heranças e tradições de povos indígenas, africanos e europeus é muito presente.

Quilombolas

Assim como na Região Norte encontramos as comunidades tradicionais ribeirinhas, na Região Nordeste destacam-se os quilombolas.

Atualmente, no Brasil, encontram-se várias comunidades negras rurais em processo de mobilização para garantir direitos de acesso à terra. Elas reivindicam o uso legal de seus territórios, não apenas na dimensão física, mas, em especial, na dimensão simbólica, afirmando suas identidades étnicas por meio do autorreconhecimento enquanto comunidade quilombola.

Na história do Brasil, a presença da mão de obra africana escravizada e sua forma de resistência revelaram a formação de quilombos, a exemplo do Quilombo de Palmares. Mesmo após a abolição da escravatura, a discriminação, o preconceito e a falta de políticas públicas legaram aos afro-brasileiros a condição de inferioridade econômica e social, isolando-os dos principais centros urbanos. Os sertões nordestinos ilustram esse fato com a presença dessas comunidades, que lutam pela manutenção de suas culturas e pelo reconhecimento de suas comunidades.

Além dos quilombos constituídos no período da escravidão, muitos foram formados após a abolição, pois essa forma de organização comunitária continuava a ser, para muitos, uma possibilidade de preservar sua identidade.

As comunidades quilombolas têm uma organização parecida com a das aldeias africanas. Também há uma divisão de tarefas e todos trabalham. Os grupos vivem da agricultura e da pesca e, para manter sua identidade, conservam hábitos culturais e praticam cultos religiosos.

O batuque é uma dança afro-brasileira que é acompanhada por cantigas e instrumentos de percussão. O reisado é uma dança dramática popular com que se festeja a véspera e o Dia de Reis. A capoeira, arte praticada pelos jovens da Serra do Queimadão, na Bahia e outras manifestações da cultura negra estão presentes e atravessam os séculos, ecoando no sangue de cada morador das comunidades. Esses costumes revelam a importância da memória coletiva na construção da identidade de um povo.

As comunidades têm noção de terra coletiva e não as consideram propriedade de um só grupo, como ocorre entre outros povos.

Membros da comunidade do Quilombo da Barra nos preparativos para a festa de São Sebastião. Rio das Contas (BA). 2015.

ATIVIDADES

1 Descreva como é formada a população da Região Nordeste.

_____

2 Encontre no diagrama alguns elementos do folclore nordestino.

Á	S	R	C	U	R	U	N	Q	U	I	N	D	I	M	R
V	A	T	A	P	Á	W	C	U	R	U	P	I	R	A	E
R	A	D	C	E	R	Â	M	I	C	A	A	N	Q	U	N
K	T	R	C	A	R	N	A	V	A	L	T	I	L	H	D
C	O	N	G	A	D	A	A	B	O	R	D	A	D	O	A

3 Escolha um trabalhador típico da Região Nordeste e pesquise sobre a atividade que ele realiza. Escreva no caderno uma síntese das informações obtidas, como a profissão e as tarefas realizadas no dia a dia.

4 Cite três danças típicas da Região Nordeste.

_____

_____

5 Pesquise em livros ou na internet a receita de um prato típico da culinária da Região Nordeste. Registre em uma folha de papel sulfite e ilustre-a com fotos. Leve para a sala de aula e compartilhe com o professor e os colegas. Entregue a folha ao professor para que, ao final do estudo das regiões brasileiras, vocês montem um livro de receitas dos pratos típicos de cada região.

6 As comunidades quilombolas preservam sua identidade por meio de manifestações da cultura negra. Pesquise sobre uma dessas manifestações e, com seus colegas, produzam cartazes ilustrados com os resultados da pesquisa da turma.

EU GOSTO DE APRENDER

Nesta lição, você estudou estes itens.

- A Região Nordeste é a que tem maior número de estados: Alagoas, Aracaju, Bahia, Ceará, Maranhão, Paraíba, Pernambuco, Piauí e Rio Grande do Norte.
- De acordo com o clima, a vegetação e a exploração econômica, a Região Nordeste pode ser subdividida em: Sertão, Zona da Mata, Agreste e Meio-Norte. O relevo caracteriza-se por planície litorânea, depressão e planalto.
- O clima tropical apresenta as variações: tropical, tropical úmido na Zona da Mata, semiárido no Sertão e equatorial no oeste do Maranhão.
- Economicamente, a Região Nordeste tem como destaques o extrativismo (vegetal, mineral e animal), a prática de agricultura comercial e de pecuária; e industrialização, como no setor açucareiro, de pescado, de fiação, tecelagem, petrolífera e laticínios.
- A população nordestina é formada, predominantemente, por brancos, pardos e mestiços e vive mais nas capitais dos estados e nas cidades do litoral, por razões históricas e porque no interior o clima semiárido e as secas dificultam as condições de sobrevivência.
- Entre os trabalhadores do Nordeste destacam-se vaqueiros, jangadeiros, barranqueiros, baianas, rendeiras, coletores de coco etc.
- As tradições culturais da Região Nordeste são riquíssimas, com festas como Carnaval (Olinda, Recife, Salvador), Juninas (Caruaru), de Nosso Senhor do Bonfim, de Iemanjá (Salvador) e outras. As danças, a culinária, o folclore e o artesanato também se destacam, com forte influência africana.
- As comunidades quilombolas consideram a terra como um bem de todos da comunidade.

ATIVIDADES

1. Assinale características climáticas que podem ser encontradas na Região Nordeste:

☐ Chuvas bem distribuídas.   ☐ Temperaturas elevadas.

☐ Chuvas escassas.   ☐ Temperaturas muito baixas.

☐ Secas.

2 Complete as frases a seguir.

a) A Região Nordeste apresenta sub-regiões que são: _____

_____

b) Do ponto de vista econômico, encontramos no Nordeste tanto a pecuária

_____, como indústrias, em cidades como _____.

c) Entre as atrações turísticas do Nordeste, tem grande destaque o _____, com belas praias. Os turistas usam como principal meio de transporte o

_____.

d) Nas tradições culturais do Nordeste há uma forte influência _____.

3 Sobre o Nordeste, escreva o nome de:

a) Uma comida típica: _____.

b) Uma dança típica: _____.

c) Um tipo de profissional: _____.

d) Uma festa regional: _____.

4 Escolha um estado da Região Nordeste e complete as informações pedidas a seguir.

Nome do Estado: _____

a) Sigla: _____

b) Área: _____

c) Capital: _____

d) População: _____

e) Estados com que faz limites: _____

EU GOSTO DE APRENDER +

Você sabe o que é o rubacão? O que o rubacão revela sobre o Nordeste? Para saber, leia este texto que saiu em um jornal, falando de culinária nordestina.

O rubacão

"Na aridez dessa região [interior do Nordeste], verduras e legumes são poucos e raros. O eixo que prevalece na dieta do sertão mais profundo é composto por carne-seca, charque ou carne de sol, elaboradas com bovinos, ovinos e caprinos; e grãos como feijão, arroz e milho, que são resistentes à estiagem e podem ser estocados por longo período. E ainda tem a macaxeira e o leite, este último fundamental para o preparo de natas, manteigas, queijo coalho e requeijão.

E é do interior, do centro norte da Paraíba, beirando a cidade do Seridó, no Rio Grande do Norte, que vem um dos pratos mais emblemáticos do Nordeste: o rubacão. Ele é um "baião de dois" primitivo e, cantam alguns repentistas, sua origem data de 1700 e alguma coisa, quando se deu o início da produção da carne de sol e do charque na região.

Cicloturismo, atividade realizada no APA do Cariri. Cabaceiras (PB), 2015.

Sua criação foi emprestada dos árabes que mascateavam por ali e tinham o hábito de comer arroz com lentilhas (em árabe, mujadarra ou mijadra, elaborado com arroz, lentilhas, cebola frita e iogurte). Há uma versão simplória, que também deve ser considerada: após retornarem da lida no campo, na qual a mulher era peça importante, juntava-se o que havia no fogão. Resto de arroz, feijão, um naco de carne, toucinho e um bocado de leite eram aquecidos e se transformavam na refeição do final da tarde dos sertanejos."

Lauro Lucchesi. Desbravando o sertão aos bocados. *Correio Popular*, Campinas, 4 out. 2014. Disponível em: <http://correio.rac.com.br/_conteudo/2014/10/metropole/211937-desbravando-o-sertao-aos-bocados.html>. Acesso em: 14 jul. 2018.

ATIVIDADES COMPLEMENTARES

1. Você descobriu o que é rubacão? Explique.

   _____
   _____

2. Quais os ingredientes que podem entrar no rubacão?

   _____

3. Por que não entram verduras e legumes na dieta do sertão?

   _____
   _____

4. O texto fala que o rubacão se originou tanto por influência de outra cultura quanto pelos hábitos dos sertanejos, que tinham de trabalhar no campo. Explique essas duas versões.

   _____
   _____
   _____
   _____

LEIA MAIS

O rei do baião: do Nordeste para o mundo

Arievaldo Viana. São Paulo: Planeta Jovem, 2012.

Escrito como literatura de cordel, o livro conta a história de Luiz Gonzaga. Foi lançado em comemoração aos 100 anos do cantor.

LIÇÃO 6

Brasil: Região Centro-Oeste

A Região Centro-Oeste, que vamos estudar nesta lição, é onde nasceu e morreu o grande poeta brasileiro Manoel de Barros (1916-2014). Em quase tudo que escreveu, ele fez alguma referência ao lugar onde viveu. Leia o trecho a seguir e tente descobrir sobre que aspecto do lugar o poeta está falando.

> "Nem folha se move de árvore. Nenhum vento. Nessa hora até anta quer sombrear. Peru derrubou a crista. Ruminam algumas reses, deitadas na aba do mato. Cachorro produziu chão fresco na beira do rancho e deitou-se. Arichiguana foi dormir na serra. Rãs se ajuntam detrás do pote. Galinhas abrem o bico. Frango-d'água vai **sestear** no **sarã**. O zinco do galpão estala de sol. Pula o **cancã** na areia quente. **Jaracambeva** encurta o veneno. Baratas escondem filhotes **albinos**. E a voz de certos peixes fica azul."
>
> Manoel de Barros. "Vespral de chuva". In: *Poesia completa*. São Paulo: Leya, 2013. p. 204.

Boiadeiro conduzindo gado em Aquidauana (MS), 2014.

VOCABULÁRIO

sestear: fazer a sesta, dormir depois do almoço.
sarã: ou Sarandi, pequena árvore frutífera.
cancã: uma dança em que os bailarinos pulam erguendo as pernas.
jaracambeva: um tipo de cobra.
albino: que é totalmente sem cor, porque não tem pigmentação.

Divisão política

A Região Centro-Oeste é a segunda mais extensa do Brasil. É formada por Goiás, Mato Grosso, Mato Grosso do Sul e Distrito Federal, onde está Brasília, sede de governo federal.

Essa região se limita com todas as outras regiões e com dois países da América do Sul: Bolívia e Paraguai. É a única região brasileira em que nenhum estado é banhado pelo mar.

REGIÃO CENTRO-OESTE: DIVISÃO POLÍTICA

Fonte: *Atlas geográfico escolar.* Rio de Janeiro: IBGE, 2012. p. 94.

Estados/ Unidade da federação	Siglas	Capitais	Área (km²)	População estimada
Distrito Federal	DF	Brasília	5 779,997	3 039 444
Goiás	GO	Goiânia	340 106,492	6 778 772
Mato Grosso	MT	Cuiabá	903 202,446	3 344 544
Mato Grosso do Sul	MS	Campo Grande	357 145,531	2 713 147

Fonte: IBGE, 2017. Disponível em: <http://www.ibge.gov.br/estadosat/index.php>. Acesso em: 15 jul. 2018.

O Distrito Federal é uma das 27 unidades federativas do Brasil. Dividido em 31 regiões administrativas, é a menor unidade federativa e a única que não tem municípios. Nele está localizada Brasília, que é a capital do Brasil. Nela trabalham as figuras políticas mais importantes do Brasil, como o presidente e os ministros.

Goiás é o estado de maior população da Região Centro-Oeste e se concentra na capital Goiânia e em outras cidades importantes, como Anápolis, Rio Verde, Itumbiara, Santa Helena, Catalão, Luziânia, Formosa, Jataí, Porangatu, Caldas Novas, Goianésia, Mineiros, Cristalina, Quirinópolis e Niquelândia.

O estado de Mato Grosso tem municípios populosos, como Cuiabá, sua capital, Várzea Grande, Rondonópolis, Sinop, Tangará da Serra, Cáceres, Sorriso, Primavera do Leste, Barra do Garças, Alta Floresta, Campo Novo do Parecis, Pontes e Lacerda, Juína, Primavera do Leste, Campo Verde, Lucas do Rio Verde, Barra do Bugres e outras.

Mato Grosso do Sul é o estado mais recente da Região Centro-Oeste e foi criado em 1979. Sua cidade mais populosa é a capital, Campo Grande.

ATIVIDADES

1 Retome a tabela com dados dos estados da Região Centro-Oeste na página anterior e complete as frases.

a) _____ é o estado de maior área.

b) _____ é o estado menos populoso.

c) O _____ é a menor unidade federativa do Brasil.

d) _____ é a sede do governo federal.

2 Escreva o nome dos estados e unidade federativa da Região Centro-Oeste, do mais populoso para o menos populoso, indicando as populações estimadas.

_____
_____
_____
_____

Aspectos físicos

Relevo e hidrografia

O relevo da Região-Centro Oeste caracteriza-se por elevações suaves, que raramente ultrapassam mil metros de altitude. Podem ser destacadas três formações: Planalto Central, Planalto Meridional e Planície do Pantanal.

O **Planalto Central**, formado por um grande bloco rochoso, apresenta algumas áreas de topos planos e encostas (serras). Esses topos planos são chamados chapadas ou chapadões. No Mato Grosso, temos a Chapada dos Parecis, a oeste. Em Goiás, existe a Chapada dos Veadeiros, ao norte. Também se destaca o Espigão Mestre, na porção que se limita com o Nordeste.

Os solos mais férteis da região (a terra roxa) encontram-se no **Planalto Meridional**, que ocupa áreas da Região Sul até os estados de Mato Grosso do Sul e Goiás.

A principal forma de relevo da Região Centro-Oeste é a **Planície do Pantanal Mato-Grossense**, que se situa no Mato Grosso e no Mato Grosso do Sul, ao longo do Rio Paraguai. A Planície do Pantanal é uma das áreas de maior biodiversidade (fauna e flora) do planeta, reconhecida pela Organização das Nações Unidas para a Educação, a Ciência e a Cultura (Unesco) como Patrimônio Natural da Humanidade.

Periodicamente, a Planície do Pantanal é inundada pelo Rio Paraguai e seus afluentes.

Muitos rios nascem nessas áreas e deságuam no Rio Paraguai, como: Cuiabá, Taquari e Miranda. O regime de cheias desses rios dá origem a diferentes ambientes, compostos de áreas que nunca se alagam, áreas que permanecem constantemente alagadas e áreas que se alagam durante um período. Os principais rios, com seus afluentes, que banham a região são: Xingu, Tocantins, Araguaia, Paraguai e Paraná.

Os rios da Bacia do Rio Paraná são utilizados tanto para geração de energia como para navegação.

REGIÃO CENTRO-OESTE: RELEVO E HIDROGRAFIA

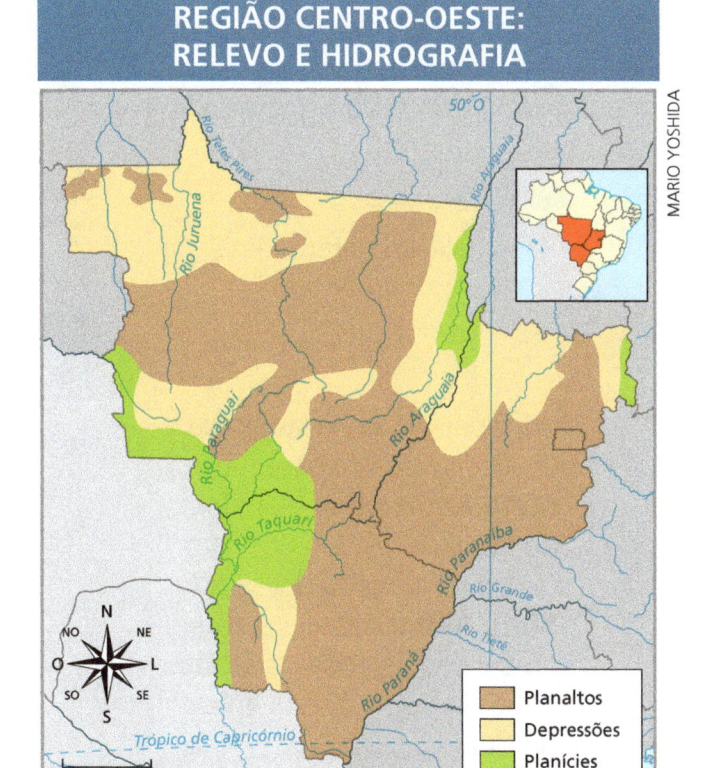

Fonte: Jurandyr L. S. Ross. *Geografia do Brasil*. São Paulo: Edusp, 2009. p. 53

Clima e vegetação

O clima predominante da Região Centro-Oeste é o tropical semiúmido, com temperaturas elevadas e duas estações bem definidas: uma seca e outra chuvosa.

Ao norte da região, onde há a Floresta Amazônica, o clima é equatorial, quente e úmido. As chuvas são abundantes durante todo o ano e a temperatura é elevada.

Ao sul da região, o clima é o tropical de altitude, onde ocorrem temperaturas mais baixas, inclusive com geadas. O verão é úmido e, nessa época, a Planície do Pantanal destaca-se como uma das áreas mais quentes da América do Sul.

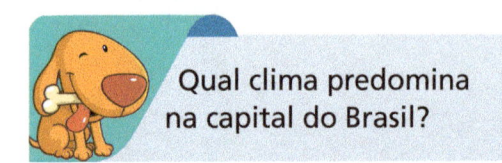

Qual clima predomina na capital do Brasil?

Os principais tipos de vegetação na Região Centro-Oeste são:
- **Mata Amazônica** – aparece ao norte do estado do Mato Grosso. Foi muito devastada.
- **Mata Atlântica** – localiza-se ao sul dos estados de Goiás, Mato Grosso e Mato Grosso do Sul.
- **Cerrado** – é a vegetação característica da região e constitui a maior pastagem natural do Brasil.
- **Vegetação do Pantanal** – é a vegetação típica da Planície do Pantanal Mato-Grossense.

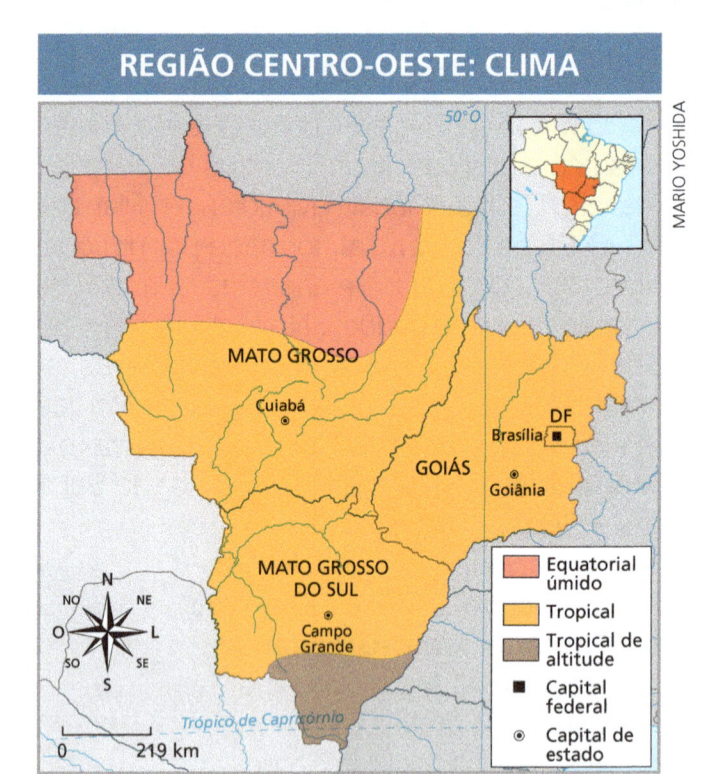

REGIÃO CENTRO-OESTE: CLIMA

Fonte: Atlas geográfico escolar. 6. ed. Rio de Janeiro: IBGE, 2012. p. 99.

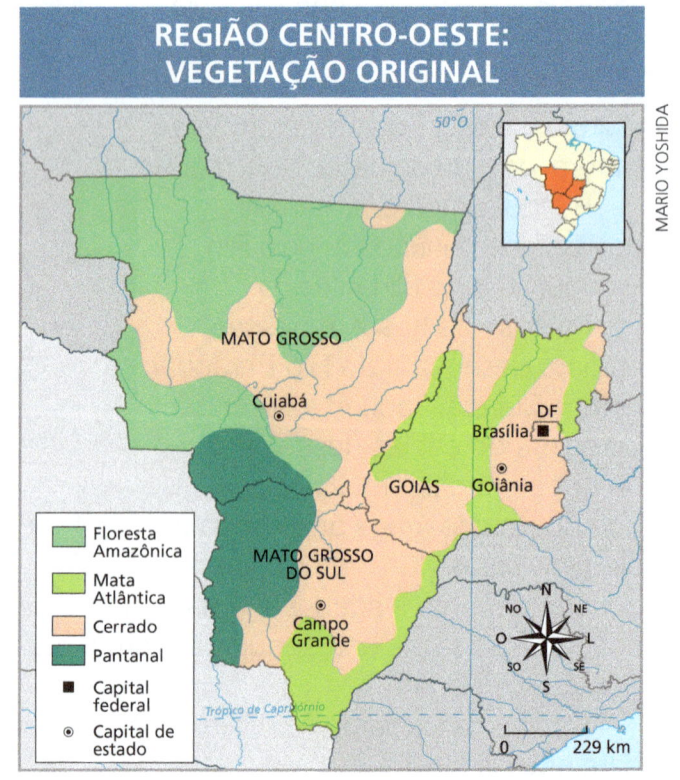

REGIÃO CENTRO-OESTE: VEGETAÇÃO ORIGINAL

Fonte: Jurandyr L. S. Ross (Org.). Geografia do Brasil. São Paulo: Edusp, 2009. (Adaptado).

ATIVIDADES

1 Compare os mapas **Região Centro-Oeste: Relevo e Hidrografia; Clima; e Vegetação Original** e responda:

a) A vegetação do Pantanal ocorre em que tipo de clima?
___

b) Qual é a vegetação predominante no clima tropical semiúmido?
___

c) Quais são as formas de relevo predominantes no clima equatorial?
___

2 Que título o Pantanal recebeu da Unesco?
___
___

3 Quais são os principais rios que banham a Planície do Pantanal?
___
___
___

4 Qual é a vegetação localizada nos estados do Mato Grosso e Mato Grosso do Sul?
___

5 Escreva a ordem das vegetações na Região Centro-Oeste de acordo com sua extensão.
___
___
___
___

Aspectos econômicos

Na Região Centro-Oeste, a economia destaca-se por apresentar a pecuária extensiva como uma das atividades mais importantes, mas vem crescendo a agricultura comercial. Também há extrativismos mineral e vegetal e atividades industriais, ainda pouco desenvolvidas.

Extrativismo vegetal

Essa atividade tem grande destaque principalmente na região da Floresta Amazônica: dela extraem-se borracha e **madeiras de lei**, como mogno, cedro e imbuia.

Outros produtos são: a erva-mate, que aparece junto aos vales dos rios, o babaçu e a castanha-do-pará. No Mato Grosso, há extração de angico e poaia, plantas usadas na indústria farmacêutica. No Pantanal, para curtir couro, usa-se o tanino, extraído da planta quebracho.

Extrativismo mineral

Destaca-se a extração de ferro e manganês no Maciço do Urucum, um morro localizado no Mato Grosso do Sul.

No Mato Grosso, exploram-se diamante e ouro. Goiás produz amianto, cristais de rocha e níquel.

A extração mineral vem causando impactos negativos na natureza, como a destruição de morros e a poluição de rios. Isso ocorre, principalmente, por causa dos produtos empregados nos garimpos, usados na procura de ouro e pedras preciosas.

Extrativismo animal

Na Região Centro-Oeste, principalmente no estado de Mato Grosso, jacarés são criados em **cativeiro** para o comércio de carne e pele. Porém, a caça e a pesca sem fiscalização são ainda praticadas em algumas áreas do Pantanal e ameaçam a fauna.

O tamanduá-bandeira, o cervo-do-pantanal e a onça-pintada são espécies pantaneiras ameaçadas de extinção.

Os jacarés e algumas espécies de aves também podem desaparecer devido à caça **indiscriminada**. A pesca ilegal também ameaça espécies de peixes do Pantanal.

> **VOCABULÁRIO**
>
> **madeira de lei:** madeira dura, de boa qualidade, usada na fabricação de móveis e construções de edifícios.
> **cativeiro:** local onde um animal é criado preso com objetivo comercial.
> **indiscriminada:** que não tem controle adequado.

Agricultura e pecuária

A agricultura desenvolveu-se principalmente no estado de Goiás e no sul do estado de Mato Grosso do Sul.

A soja é o principal produto agrícola da região e destina-se principalmente à exportação. O cultivo da soja também compromete o solo das áreas onde é plantada, por causa da necessidade de se utilizar fertilizantes para tornar o solo preparado para o cultivo. Muitos desses produtos químicos são carregados para as águas dos rios, causando sua contaminação.

Cultivam-se também milho, feijão, arroz, café, trigo, mandioca e algodão.

A pecuária é a principal atividade econômica no Centro-Oeste, onde há excelentes áreas de pastagem. A região possui o maior número de cabeças de gado do país. A maior parte do rebanho é de gado para corte. O gado é abatido em grandes frigoríficos e a carne é vendida para os centros mais populosos de outras regiões. Uma parte também é exportada. Outra atividade em crescimento é a criação de ovinos.

Gado no pasto em pecuária extensiva, Mato Grosso do Sul.

Indústria, comércio e transportes

A atividade industrial na região é pouco desenvolvida. As indústrias destinam-se principalmente ao **beneficiamento** de produtos agrícolas, alimentícios, minerais e de madeiras.

Tem crescido também a indústria farmacêutica. As indústrias têm ido para a Região Centro-Oeste atraídas pelas inúmeras usinas hidrelétricas que garantem fornecimento abundante e mais barato de energia elétrica.

Os principais centros industriais são Goiânia e Anápolis (GO), Campo Grande e Corumbá (MS) e Brasília (DF). O comércio desenvolve-se nas capitais dos estados e nas principais cidades. A região vende arroz, ferro, manganês, cristais de rocha, borracha, erva-mate, carnes e derivados. Compra veículos, combustíveis, trigo, açúcar e máquinas.

O sistema de transportes não é muito desenvolvido e chega a prejudicar o comércio da região. O transporte rodoviário é o tipo predominante. As principais rodovias são:

> **VOCABULÁRIO**
>
> **beneficiamento:** tratamento de matérias-primas agrícolas para torná-las apropriadas ao consumo.

- Belém-Brasília, que liga a Região Centro-Oeste à Região Norte;
- Transpantaneira, que atravessa o Mato Grosso e o Mato Grosso do Sul;
- Cuiabá-Santarém, que liga a capital de Mato Grosso ao interior do Pará.

Vista aérea da Rodovia Transpantaneira em Poconé (MT), 2014.

A ferrovia mais importante é a Estrada de Ferro Noroeste do Brasil, que liga Corumbá (MS) a Bauru (SP).

A navegação fluvial é muito utilizada no transporte de mercadorias. Ela é feita no Rio Paraguai, nos seus afluentes e em um pequeno trecho do Rio Paraná.

O transporte aéreo de passageiros desempenha papel importantíssimo, em razão das grandes distâncias e pelo pequeno número de rodovias e ferrovias.
O aeroporto de Brasília (DF) é um dos mais movimentados do país.

Questões ambientais no Centro-Oeste

Atualmente, a Região Centro-Oeste é uma das que apresentam as maiores áreas de desmatamento. Todos os tipos de vegetação estão sendo afetados. No norte do estado de Mato Grosso é a Floresta Amazônica que perde espaço para as plantações de soja. Em toda a região, a área de Cerrado está diminuindo. Até o Pantanal está sendo atingido.

ATIVIDADES

1 Leia o texto a seguir e responda.

O Pantanal está vulnerável

O Ministério do Meio Ambiente (MMA) divulgou [...] números oficiais sobre o desmatamento do Pantanal, o que permitiu ao governo constatar que essa formação vegetal e o cerrado estão mais vulneráveis à devastação do que a Amazônia.

Área devastada para produção de pastagem em Araguaiana (MT), 2014.

[...] Com 18,7 mil km² devastados até 2002, o Pantanal continuou perdendo mata nativa nos seis anos seguintes: foram desmatados mais 4.279 km² – 2,82% da área total.

Uma análise preliminar do Ministério do Meio Ambiente identifica como principais razões do desmatamento do Pantanal o fornecimento de carvão vegetal para um novo parque siderúrgico em Mato Grosso do Sul e a abertura de novas áreas para pastagens.

Mais de 15% da planície pantaneira já foi devastada. O desmatamento foi maior em Mato Grosso do Sul do que em Mato Grosso. Corumbá (MS), a cidade que mais desmatou, responde por 32% de todas as perdas de vegetação. Em seguida aparecem Aquidauana (MS) e Cáceres (MT).

Vinicius Sassine. *Correio Braziliense*, 8 jun. 2010. Disponível em: <http://www2.senado.leg.br/bdsf/bitstream/handle/id/45907/noticia.htm?sequence=1>. Acesso em: jul. 2018.

- Com seu professor e seus colegas, escreva no caderno um texto sintetizando os aspectos relacionados à fauna, à flora e à vida humana da região Centro-Oeste.

2 Identifique no quadro alguns extrativismos que ocorrem na Região Centro-Oeste, classificando-os de acordo com a origem.

Produto	Extrativismo vegetal	Extrativismo animal	Extrativismo mineral
Manganês			
Látex			
Jacaré			
Amianto			
Ave			
Ouro e diamante			
Castanha-do-pará			
Babaçu			
Pesca			
Ferro			

3 Escreva o nome do principal rebanho da Região Centro-Oeste.

_____

4 Por que a pecuária é a atividade econômica mais importante da Região Centro-Oeste?

_____

_____

_____

5 Quais são os principais centros industriais da Região Centro-Oeste?

_____

_____

_____

Aspectos humanos

A construção de Brasília, no Distrito Federal, contribuiu bastante para o aumento da população regional, pois atraiu muitas pessoas de outras regiões do país. Apesar disso, a Região Centro-Oeste é pouco povoada. A maior parte da população é constituída de brancos e caboclos (mestiços de brancos e indígenas).

No sul do Mato Grosso do Sul há muitos sulistas (gaúchos, catarinenses, paranaenses) que se deslocaram para trabalhar na agricultura. Além deles, a Região Centro-Oeste apresenta muitos outros grupos de migrantes, caracterizando-se pela forte heterogeneidade humana.

A presença indígena é muito marcante, existindo ainda grupos na Floresta Amazônica e outros concentrados em reservas e parques nacionais.

Boiadeiro levando o gado para o curral, Goiás, 2017.

Algumas profissões comuns do Centro-Oeste são:
- **boiadeiro** – tocador de boiada;
- **garimpeiro** – aquele que anda à procura de metais e pedras preciosas;
- **ervateiro** – aquele que negocia com erva-mate ou faz colheita e preparação desse vegetal;
- **seringueiro** – indivíduo que se dedica à extração do látex da seringueira.

Aspectos culturais

Por causa da heterogeneidade de sua população, a cultura da Região Centro-Oeste é uma das mais diversificadas do Brasil, com forte influência indígena.

O folclore e a culinária

No folclore destacam-se:
- **danças** – congada, folia de reis, roda de São Gonçalo, moçambique;
- **festas** – cavalhada, rodeios, Festa do Divino;
- **lendas** – do Pé de Garrafa, do lobisomem, do Romãozinho;
- **artesanato** – cerâmica, objetos de madeira, artigos de prata com pedras semipreciosas, cristais.

Na **culinária**, destacam-se pratos como peixes, empadão goiano, galinhada, arroz de carreteiro, pamonha de milho-verde e muitos outros.

É nítida a forte influência paraguaia e boliviana na culinária desses estados. Do Paraguai, por exemplo, vem o hábito de apreciar o tererê (ou mate gelado). Também se come sopa paraguaia e se consomem *chipas*, um tipo de pão de queijo. Da Bolívia as pessoas adotaram o costume de comer *salteñas*, que são pastéis de frango assados.

Povos indígenas

A população indígena, em sua grande maioria, enfrenta uma complexa e acelerada transformação social. E, por esse motivo, necessita de novos meios para sua sobrevivência física e cultural. Entre os problemas que os povos indígenas enfrentam estão as invasões e degradações territoriais e ambientais, a exploração sexual, o aliciamento e o uso de drogas, a exploração de trabalho – inclusive infantil –, a mendicância, o êxodo desordenado, causando grande concentração de indígenas nas cidades, entre outros.

Em geral, os indígenas dedicam-se a atividades como: agricultura, pecuária, artesanato, garimpagem, caça e pesca. Nos povos, há divisão do trabalho de acordo com o gênero e a idade. Geralmente, as mulheres cuidam das roças e fazem objetos de cerâmica e cestos de palha, enquanto os homens caçam, pescam, constroem objetos como arcos, flechas e canoas. Os indígenas idosos possuem papel fundamental, pois representam o conhecimento, que é passado de geração para geração.

Muitos costumes dos povos indígenas, atualmente, estão relacionados a práticas dos seus antepassados. Viver em grupo, em aldeias que reúnem várias famílias, considerar a terra um bem de todos e viver em harmonia com a natureza são alguns exemplos de práticas que vêm dos antepassados. Por isso, a maioria deles luta por viver em suas aldeias e ensinar as tradições para suas crianças.

Da mesma forma se dá a relação dos povos indígenas com a natureza. Muitos povos indígenas estudam alternativas para, cada vez mais, utilizar os recursos naturais e, ao mesmo tempo, preservar os elementos que compõem a natureza, isto é, todos os outros seres vivos, a água, o solo e o ar. Para isso, utilizam os conhecimentos que detêm e foram transmitidos por seus antepassados. Além disso, aprendem outras formas de preservar a natureza desenvolvidas por povos não indígenas.

Indígenas da etnia Waurá dançando durante a cerimônia da quebra da castanha de pequi, ritual preparatório para o Karup. Parque Indígena do Xingu (MT), 2013.

Ainda hoje, algumas pessoas pensam que os povos indígenas são todos iguais e vivem da mesma maneira, se vestem e alimentam-se do mesmo modo e falam a mesma língua. Entretanto, esse pensamento não está de acordo com a realidade.

A Região Centro-Oeste é a terceira com maior concentração de indígenas. Na região, os povos habitam em reservas e parques indígenas, como no Parque Indígena do Xingu, no Parque Indígena do Araguaia, na Ilha do Bananal, na Reserva Indígena Xavante e na Reserva Indígena Parecis.

Em muitas cidades, as aldeias estão localizadas nas chamadas terras indígenas, que pertencem a todos os membros da aldeia. Nelas, os indígenas produzem os alimentos necessários à sua sobrevivência e são responsáveis pela preservação do meio ambiente, por construir escolas para as crianças e viver de acordo com seus costumes e tradições. A demarcação de suas terras é uma conquista dos povos indígenas brasileiros assegurada na Constituição. No nordeste do Mato Grosso, encontra-se uma das mais conhecidas reservas indígenas do Brasil – o Parque Indígena do Xingu, criado em 1961. No parque, encontram-se 16 grupos indígenas, como: kamayurás, yawalapitis, waurás, kalapalos, awetis e ikpengs, distribuídos em uma área de 27 000 km^2, em áreas de Floresta Amazônica e Cerrado.

Embora os povos indígenas falem idiomas diferentes, em alguns grupos são bastante semelhantes e há, entre eles, o esforço de uma boa convivência, que se manifesta nas trocas de produtos, nos casamentos intergrupais, nas festas e cerimônias compartilhadas e na preferência pela carne de peixe à de caça. A cerimônia mais importante entre os indígenas do Alto Xingu é o kuarup, uma celebração em homenagem aos mortos da aldeia.

Você sabia que o Brasil tem 240 povos indígenas, 150 línguas diferentes e somente 818 000 indígenas que vivem em cidades rurais e urbanas de quase todo o território brasileiro?

ATIVIDADES

1 Relate características da população da Região Centro-Oeste.

_____

_____

2 Explique o que cada profissional a seguir desenvolve em sua atividade.

a) Boiadeiro: _____

b) Garimpeiro: _____

c) Ervateiro: _____

d) Seringueiro: _____

3 Ligue cada elemento do folclore da Região Centro-Oeste à sua categoria.

danças		cerâmica
festas		lobisomem
artesanatos		galinhada
lendas		congada
culinária		cavalhada
		Romãozinho
		Moçambique

4 Pesquise em livros ou na internet a receita de um prato típico da culinária da Região Centro-Oeste. Registre em uma folha de papel sulfite e ilustre-a com fotos. Leve para a sala de aula e apresente-a ao professor e aos colegas.
Entregue a folha ao professor para que montem, posteriormente, o livro de receitas dos pratos típicos das regiões brasileiras.

5 Existe diversidade entre os povos indígenas, isto é, os povos indígenas brasileiros não são iguais. Com base nessa afirmação, em dupla, escolham um dos povos que vive na Região Centro-Oeste do Brasil, façam uma pesquisa e incluam a resposta aos itens a seguir.

Diversidade dos povos que vivem na Região Centro-Oeste do Brasil			
• População:	• Região onde vive:	• Língua falada:	• Tradições:

Agora, compare a sua ficha com as dos seus colegas e estabeleça um paralelo entre a diversidade dos povos indígenas. Organize estas informações em cartazes.

6 Leia o texto a seguir e responda.

Brasília: a cidade planejada

A maioria das cidades brasileiras surgiu e se desenvolveu a partir de pequenos povoamentos, fortes militares, aldeamentos de indígenas ou arraiais de mineração. Mas em Brasília foi diferente. Ela é uma cidade planejada, isto é, foi totalmente pensada antes de sua construção começar.

Antes de Brasília, Salvador e Rio de Janeiro já haviam sido capitais do Brasil. Em 1955, Juscelino Kubitschek foi eleito presidente do Brasil. Ele governou de 1956 a 1961.

O novo presidente havia prometido concretizar o projeto de transferência da capital, iniciado em 7 de setembro de 1922, quando foi construído um marco no local onde hoje Brasília está instalada.

E assim se realizou. O lago do Paranoá e as asas norte e sul mostram que a capital foi exatamente pensada a partir de um eixo que ligava as partes da cidade.

Oscar Niemeyer desenhou o projeto dos principais edifícios.

Brasília foi inaugurada em 21 de abril de 1960. Muitas pessoas de outros estados do Brasil, principalmente funcionários do governo da antiga capital, foram para lá viver e trabalhar.

A instalação da nova capital atraiu pessoas de vários estados para viver na Região Centro-Oeste.

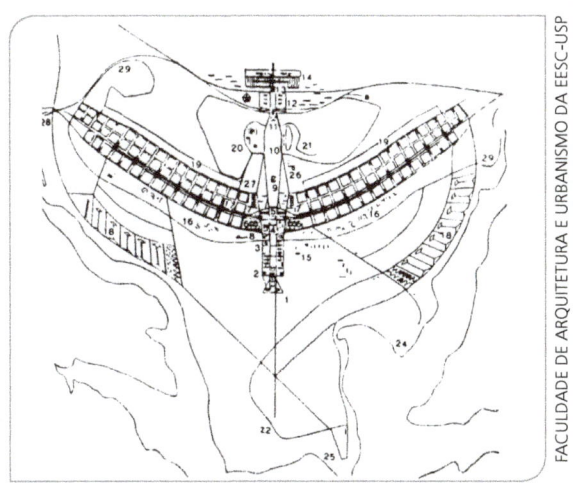

O trabalho da construção de Brasília levou três anos e meio. Lúcio Costa organizou o espaço da cidade, partindo de um desenho em cruz. O projeto assemelhava-se à asa de um avião com um lago artificial no centro.

a) Você conhece Brasília? Se ainda não, imagine uma viagem turística para a capital do Brasil. Para isso, prepare no caderno uma ficha com os dados sobre a capital.

- Data de inauguração.
- Nome do presidente que construiu a nova capital.
- Tempo de duração da construção.
- Característica básica do projeto arquitetônico.
- Motivos da construção.
- Resultados da instalação de Brasília.

EU GOSTO DE APRENDER

Leia alguns itens que você estudou nesta lição.

- Segunda região mais extensa do Brasil, o Centro-Oeste é formado por: Distrito Federal, Goiás, Mato Grosso e Mato Grosso do Sul.
- A principal forma de relevo é a Planície do Pantanal, área de grande biodiversidade que se localiza em Mato Grosso e Mato Grosso do Sul e ao redor da qual se estendem chapadas e serras.
- O clima da região é principalmente tropical semiúmido. Ao norte, na região da Floresta Amazônica, o clima é equatorial quente e úmido.
- Quanto à vegetação, existem: Cerrado, Mata Amazônica, Mata Tropical e vegetação do Pantanal.
- Economicamente, destaca-se a pecuária extensiva, havendo também atividades extrativistas, agricultura comercial e atividades industriais em desenvolvimento.
- Os transportes rodoviários predominam, com algumas rodovias importantes como Belém-Brasília e Transpantaneira.
- Culturalmente, a Região Centro-Oeste tem forte influência indígena, branca católica e africana em suas danças, festas, lendas, culinária e artesanato.
- Muitos costumes dos povos indígenas, atualmente, estão relacionados a práticas dos seus antepassados. A maioria deles luta por viver em suas aldeias e ensinar as tradições para suas crianças.

ATIVIDADES

1 Em termos de extensão territorial, que lugar ocupa a Região Centro-Oeste entre as regiões brasileiras?

_____

2 Coloque **F** para o que for falso e **V** para o que for verdadeiro, nas seguintes frases sobre o clima, o relevo e a vegetação da Região Centro-Oeste.

- ☐ É uma região em que as quatro estações do ano são bem definidas, fazendo muito frio no inverno.
- ☐ Existe grande variedade de vegetação e de Floresta Tropical.
- ☐ As temperaturas são sempre elevadas, porque predominam os climas tropical semiúmido e equatorial.

LIÇÃO 7

Brasil: Região Sudeste

Observe com atenção a foto ao lado e leia a legenda.

Você conseguiu descobrir onde fica esta rua? Ela fica na cidade de São Paulo, uma das mais populosas do país.

Por que será que essa cidade abriga tantas pessoas?

Será que são todas nascidas nessa cidade? Se não são, de onde saíram? Por que escolheram o estado de São Paulo?

E nos outros estados da Região Sudeste, será que também há tanta gente?

Rua de comércio na região central de São Paulo (SP).

Divisão política

A Região Sudeste é formada por quatro estados: Espírito Santo, Rio de Janeiro, Minas Gerais e São Paulo.

Os estados da Região Sudeste são banhados pelo Oceano Atlântico, com exceção de Minas Gerais.

A Região Sudeste só é maior em extensão do que a Região Sul. Entretanto, é a mais populosa do país. No município de São Paulo e na sua Região Metropolitana habitam quase 20 milhões de pessoas. A população estimada da Região Sudeste, em 2014, era de 85 115 623 habitantes.

REGIÃO SUDESTE: DIVISÃO POLÍTICA

Fonte: *Atlas geográfico escolar*. Rio de Janeiro: IBGE, 2012. p. 94.

Estado	Sigla	Capital	Área (km²)	População estimada
Espírito Santo	ES	Vitória	46 086,907	4 016 356
Rio de Janeiro	RJ	Rio de Janeiro	43 781,588	16 718 956
Minas Gerais	MG	Belo Horizonte	586 520,732	21 119 536
São Paulo	SP	São Paulo	248 219,627	45 094 866

Fonte: IBGE, 2017. Disponível em: <http://www.ibge.gov.br/estadosat/index.php>. Acesso em: 15 jul. 2018.

O estado de Minas Gerais, único da Região Sudeste que não faz divisa com o Oceano Atlântico, é o segundo mais populoso da região. Seu relevo é bastante irregular, localizando-se ali alguns dos picos mais altos do país. É também em Minas Gerais que nascem alguns dos rios mais importantes do Brasil, que abastecem centenas de cidades.

A capital do Espírito Santo, Vitória, não é a mais populosa do estado – o município mais populoso é Serra. Entretanto, é em Vitória que se localiza um dos portos brasileiros mais importantes, de onde se exporta, principalmente, o minério de ferro.

Vista aérea de Belo Horizonte (MG), 2014.

Vista aérea de Vitória (ES), 2014.

O estado do Rio de Janeiro é um dos mais conhecidos internacionalmente. Isso porque sua capital, a cidade do Rio de Janeiro, é considerada uma das mais belas do mundo, com praias e montanhas se alternando na Baía da Guanabara.

Vista aérea do Rio de Janeiro (RJ), 2014.

O estado de São Paulo é um polo industrial e comercial do Brasil e o mais populoso do país. A capital, São Paulo, com mais de 12 milhões de habitantes, abriga migrantes de todas as outras regiões.

Vista aérea de São Paulo (SP), 2014.

Aspectos físicos

Relevo e hidrografia

Nessa região predominam os planaltos. Destacam-se, na altitude e na extensão, os planaltos e as serras de Paranapiacaba (SP), do Mar (SP e RJ), da Mantiqueira (SP, RJ e MG), do Caparaó (ES e MG) e do Espinhaço (MG).

No litoral aparecem os trechos das planícies e tabuleiros litorâneos, representados pelas baixadas Fluminense (RJ) e Santista (SP).

Plantação de café em Caparaó (MG), 2014.

Os rios da Bacia do São Francisco e da Bacia do Paraná banham essa região. São rios de planalto aproveitados para a construção de usinas hidrelétricas. A Região Sudeste também é banhada por bacias fluviais do Atlântico Sul, destacando-se os rios Jequitinhonha, Doce, Paraíba do Sul e Ribeira.

As principais usinas hidrelétricas da região são: Usina Hidrelétrica de Três Marias, no Rio São Francisco; Complexo Hidrelétrico de Urubupungá, formado pelas usinas hidrelétricas de Ilha Solteira e Engenheiro Sousa Dias, no Rio Paraná.

Clima e vegetação

Fonte: Jurandyr L. S. Ross. *Geografia do Brasil*. São Paulo: Edusp, 2009. p. 53.

Na Região Sudeste, encontramos variações nos tipos de clima tropical: existem o tropical, o tropical de altitude, o subtropical e o litorâneo úmido.

O clima tropical, de temperaturas elevadas e duas estações definidas (chuvosa e seca), predomina nas baixadas litorâneas do Espírito Santo e Rio de Janeiro, no norte de Minas Gerais e no oeste paulista.

No norte de Minas Gerais, o clima é semiárido, com chuvas escassas. Essa área faz limite com o Polígono das Secas, no Sertão nordestino.

O clima tropical de altitude, com temperaturas menos elevadas, aparece nos pontos mais altos, como em Campos do Jordão, Ouro Preto e Petrópolis.

O clima subtropical caracteriza o sul do estado de São Paulo, com temperaturas mais amenas e chuvas bem distribuídas durante o ano.

O litorâneo úmido, como diz o nome, predomina nas cidades do litoral, sendo mais úmido por causa da influência oceânica.

Por que os rios de planalto são usados para a produção de energia elétrica?

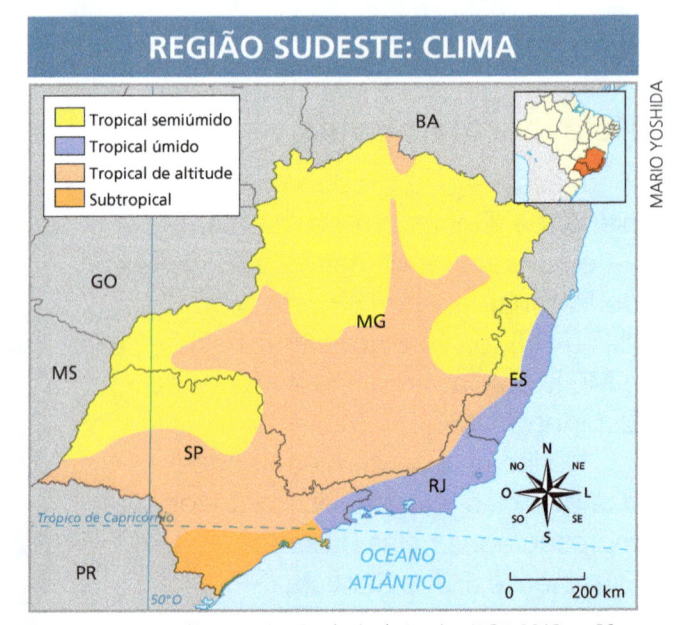

Fonte: *Atlas geográfico escolar*. 6. ed. Rio de Janeiro: IBGE, 2012. p. 99.

A **Mata Atlântica**, que cobria uma extensa área da região, atualmente está reduzida a apenas alguns trechos no Espírito Santo, no Rio de Janeiro e em São Paulo (principalmente na Serra do Mar). Essa vegetação foi devastada para dar lugar às cidades, com suas estradas, plantações e indústrias, entre outras construções humanas.

Faz parte da Mata Atlântica a Mata dos Pinhais, também chamada de Mata das Araucárias. A Mata dos Pinhais, entretanto, ocupa mais a Região Sul. Na Região Sudeste, localiza-se em pequena área na divisa de São Paulo com o Paraná.

O **Cerrado** ocupa grande parte do estado de Minas Gerais e parte de São Paulo.

A **Caatinga** aparece nas áreas de clima semiárido, no norte de Minas Gerais.

A **Vegetação Litorânea** ocupa toda a costa da Região Sudeste, com manguezais nos terrenos alagados.

Os **Campos** aparecem nas terras mais altas dos estados de São Paulo e de Minas Gerais.

REGIÃO SUDESTE: VEGETAÇÃO

Fonte: Maria Elena Simielli. *Geoatlas*. São Paulo: Ática, 2012.

ATIVIDADES

1 Qual é a forma predominante de relevo na Região Sudeste?

_____

2 Escreva o nome das serras que se destacam por sua altitude e extensão.

_____

_____

3 Complete as frases.

a) No estado de _____ está localizada a Baixada Santista.

b) No estado do _____ está localizada a Baixada Fluminense.

4 Qual é o principal uso dos rios da Região Sudeste? Por quê?

_____
_____
_____
_____

5 Quais são as principais usinas hidrelétricas da região? Onde se localizam?

_____
_____
_____
_____
_____

6 Escolha a palavra que completa as frases adequadamente.

> equatorial   tropical   subtropical

a) O clima _____ predomina na Região Sudeste.

> altas   médias   baixas   constantes   bem distribuídas

b) O clima apresenta temperaturas _____ e _____.

Aspectos econômicos

O Sudeste tem a economia mais desenvolvida do país. Há enorme diversificação em todos os setores, com grande destaque para a agricultura e a pecuária comerciais.

Extrativismo vegetal

O extrativismo vegetal é pouco significativo economicamente e não se pratica mais a extração legal de madeiras na Mata Atlântica. Resta apenas grupos de exploração no Cerrado para obter lenha, em Minas Gerais.

Toras de eucaliptos em caminhão no Espírito Santo, 2014.

Extrativismo animal

Destaca-se a pesca marinha, praticada principalmente nos estados de São Paulo e Rio de Janeiro, em escala comercial, isto é, praticada por grandes empresas. A pesca artesanal (praticada por pescadores independentes) tem diminuído mediante a concorrência de companhias de pesca mais aparelhadas.

Extrativismo mineral

É o tipo de extrativismo mais praticado. O estado mais rico do país em recursos minerais é Minas Gerais. A área conhecida como **Quadrilátero Ferrífero**, próxima a Belo Horizonte, extrai ferro, manganês, ouro e bauxita.

Também são extraídos nesse estado cassiterita, urânio, calcário, mármore, pedras preciosas e água mineral.

Nos estados do Rio de Janeiro e Espírito Santo explora-se o petróleo. A Bacia de Campos, no litoral do Rio de Janeiro, é uma das maiores produtoras de petróleo do Brasil. Outra importante bacia localiza-se no mar do litoral do estado de São Paulo. Chama-se Bacia de Santos e o petróleo dessa área situa-se a milhares de metros de profundidade. Em São Paulo é encontrado o chumbo; no litoral do Espírito Santo destaca-se a areia monazítica; e, no litoral do Rio de Janeiro, o sal marinho.

VOCABULÁRIO

areia monazítica: areia que contém monazeto, mineral que pode ser utilizado para inúmeras aplicações tecnológicas.

Plataforma de extração de petróleo em alto-mar, na Bacia de Campos, Rio de Janeiro.

Agricultura e pecuária

A **agricultura** é praticada em todos os estados da região. A agricultura comercial é o tipo predominante. A agricultura e a pecuária estão hoje reunidas na agropecuária, principalmente nas áreas de maior desenvolvimento da Região Sudeste.

Na agropecuária, especialmente nas atividades de cultivo, utilizam-se máquinas, fertilizantes, sementes selecionadas e modificadas. Na pecuária, destaca-se a pecuária intensiva, com o gado confinado em currais e submetido a técnicas de criação especializadas. Mas também existe em larga escala a pecuária extensiva, isto é, o gado criado solto nas pastagens.

Os principais produtos agrícolas são: café, cana-de-açúcar, milho, arroz, feijão, algodão, mandioca, laranja, soja, frutas e verduras.

Os principais rebanhos são bovinos e suínos.

Indústria, comércio e transportes

A Região Sudeste é a mais industrializada do país, e a **indústria de transformação** é a principal atividade econômica. São Paulo tem o maior conjunto de indústrias da América Latina.

As principais indústrias da Região Sudeste são: automobilística, localizada principalmente em São Paulo; petroquímica, representada por refinarias de petróleo em São Paulo, Rio de Janeiro e Minas Gerais; siderúrgica, em todos os estados da região; naval, no Rio de Janeiro.

Há também nessa região indústrias de produtos alimentícios, têxteis, de artefatos de couro, de papel, de alumínio, de bebidas, de móveis e de aparelhos eletrodomésticos.

As atividades agrícolas também têm relação com a indústria. Essa nova atividade é denominada agroindústria, ou seja, em muitas fazendas o produto agrícola já é colhido e transformado em produto alimentício, que será diretamente vendido aos mercados.

O **comércio** é muito desenvolvido na Região Sudeste. O maior movimento ocorre nas capitais dos estados e nas principais cidades. Os principais produtos vendidos são: café, sal, açúcar, alimentos, calçados, tecidos, couro, matérias-primas em geral, automóveis etc.

A Região Sudeste compra combustíveis, produtos industrializados, produtos químicos, máquinas etc.

Essa região tem a mais extensa e bem cuidada rede de transportes do país.

A maioria das ferrovias do Sudeste está ligada aos portos da região e é usada para transporte de cargas. Destaca-se a Estrada de Ferro Vitória-Minas, a ferrovia do minério de ferro, que liga o Quadrilátero Ferrífero (MG) aos portos de Tubarão e Vitória (ES).

Há importantes portos marítimos, como Santos (SP), Rio de Janeiro (RJ), Vitória e Tubarão (ES). O Porto de São Sebastião (SP) é especializado no transporte de petróleo.

A região conta com os aeroportos de maior movimentação de passageiros no Brasil: Cumbica, Congonhas e Viracopos (SP), Galeão e Santos Dumont (RJ) e Tancredo Neves e Pampulha (MG).

ATIVIDADES

1 Explique por que a Região Sudeste é considerada a mais populosa do país.

_____

_____

_____

2 Na Região Sudeste estão localizadas algumas das cidades de maior importância do país. Escreva o nome de algumas delas.

_____

3 Leia o texto a seguir, que traz informações sobre um dos aspectos econômicos da Região Sudeste.

> **Aspectos econômicos da Região Sudeste**
>
> Os serviços e o comércio são o principal ramo de atividade e representam maior parte da riqueza da Região Sudeste. [...] também possui riqueza mineral.
>
> No estado de Minas Gerais destaca-se a exploração de minérios – em especial as reservas de ferro e manganês na Serra do Espinhaço.
>
> *Almanaque Abril 2010*. São Paulo: Abril, 2010. p. 662.

De acordo com informações do texto e desta lição, responda às questões.

a) Quais são as atividades econômicas responsáveis pela riqueza da região?

_____

b) Em qual estado da região destaca-se a extração de reservas de ferro?

_____

c) Na Bacia de Santos há um importante mineral para a economia brasileira. Qual é esse mineral e qual é a área que a bacia abrange?

_____

_____

_____

4 Leia o texto a seguir e responda.

Poluentes no ar de SP superam níveis recomendados pela OMS

O paulistano deve dar mais atenção ao ar a partir do dia 21 deste mês, quando começa o inverno. A estação é marcada pela maior concentração de poluentes na atmosfera, pois há menos chuvas e ventos.

A qualidade do que os pulmões dos moradores da metrópole recebem não é das melhores.

No dia 7 do mês passado, a OMS (Organização Mundial de Saúde) e a Cetesb (Companhia Ambiental do Estado de São Paulo) divulgaram que níveis de poluição na cidade superam padrões recomendados como mais seguros para o ser humano. [...]

O médico Paulo Saldiva, pesquisador do Laboratório de Poluição Atmosférica da Faculdade de Medicina da USP, diz que se trata do poluente mais associado à redução de expectativa de vida e ao surgimento de doenças, como o câncer.

Faixa de poluição sobre São Paulo (SP), 2014.

> Ao entrar em casa você pensa estar livre da poluição do ar? Como essa poluição pode ser prejudicial à sociedade? Que medidas poderiam ser adotadas?

Elvis Pereira. *Folha de S.Paulo*, 1 jun. 2014. Disponível em: <http://www1.folha.uol.com.br/saopaulo/2014/06/1462595-poluentes-no-ar-de-sp-superam- niveis-recomendados-pela-oms.shtml>. Acesso em: 20 ago. 2018.

a) Imagine que você se encontra em uma grande cidade do Sudeste.

- Que problemas você observa?

_____

_____

- Faça no caderno um painel com imagens retratando a situação que considera mais grave.

b) O desenvolvimento industrial e na área de serviços é marcante na Região Sudeste. Por ser a mais populosa e a mais desenvolvida do país, ela apresenta grande variedade produtiva. Crie desenhos no caderno que identifiquem as principais atividades econômicas dessa região.

Aspectos humanos

A **população** da Região Sudeste é formada de brancos, afrodescendentes, mestiços, mulatos, caboclos e imigrantes (italianos, portugueses, japoneses etc. e seus descendentes). São Paulo, Minas Gerais e Rio de Janeiro são os estados mais populosos do país.

O Sudeste recebe muitos habitantes de outras regiões que procuram melhores condições de vida e oportunidades de trabalho.

Trabalhadores comuns do Sudeste:
- **garimpeiro** – aquele que anda à procura de metais e pedras preciosas;
- **colono** – cultivador de terra pertencente a outrem; trabalhador agrícola;
- **boia-fria** – trabalha no campo, geralmente nas colheitas, em uma jornada diária e leva sua refeição/marmita para o local no qual exerce a atividade;
- **peão** – amansador de cavalos, burros e bestas.

Boias-frias na colheita de cana-de-açúcar. Bariri (SP).

Aspectos culturais

Na Região Sudeste existe muita influência cultural dos tupi-guarani, que eram os indígenas que habitavam o litoral e o interior de São Paulo na época da colonização. Além dessa influência, ressaltam-se as contribuições de povos africanos, trazidos como escravizados, e dos imigrantes, principalmente italianos, que vieram em grande número a partir do século XIX.

O folclore e a culinária

O **folclore** da região é muito diversificado, tem influência portuguesa e italiana, e destaca-se nas festas e danças religiosas, mas também apresenta características herdadas de povos indígenas e africanos.

Na culinária destacam-se alguns pratos típicos como: tutu de feijão, feijoada, feijão tropeiro, peixes, ostras, virado à paulista.

Há muitos pratos que vieram da época dos bandeirantes, quando paulistas se embrenhavam nas matas em direção ao interior, procurando jazidas de pedras preciosas.

A influência dos **imigrantes** na culinária também é enorme. Por exemplo, o consumo de massas (como macarrão e *pizza*) em São Paulo é quase tão grande quanto na Itália.

ATIVIDADES

1 São Paulo é um dos estados mais populosos do Brasil, para o qual ainda migram muitas pessoas de outras regiões. O que os migrantes buscam nesse estado?

_____

_____

2 Descreva como a população da Região Sudeste é formada.

_____

_____

_____

3 Procure no diagrama as palavras a seguir.

garimpeiro   colono   boia-fria   peão   caiçara
carnaval   samba   fandango   cerâmica   batuque

A	S	R	C	U	R	U	N	P	E	Ã	O	D	I	M	G
B	A	D	F	A	N	D	A	N	G	O	A	N	F	U	A
R	O	R	C	A	R	N	A	V	A	L	T	I	E	H	R
I	C	I	Ã	A	D	A	A	B	R	O	D	E	I	O	I
M	S	A	A	U	B	A	T	U	Q	U	E	D	J	M	M
M	B	R	A	F	A	C	A	I	Ç	A	R	A	O	A	P
E	A	A	C	E	R	Â	M	I	C	A	A	N	A	U	E
Ã	I	R	O	A	R	I	A	V	A	L	T	I	D	H	I
R	Z	O	A	A	D	A	A	B	S	A	M	B	A	O	R
O	A	D	V	E	R	Â	M	T	C	C	O	L	O	N	O
K	R	R	N	A	R	N	A	V	A	L	T	I	L	H	D
G	C	O	E	A	D	A	A	B	E	R	C	O	V	O	A

4 Pesquise em livros ou na internet a receita de um prato típico da culinária da Região Sudeste. Registre em uma folha de papel sulfite e ilustre-a com imagens. Leve para a sala de aula e compartilhe com o professor e com os colegas. Entregue a folha ao professor para que montem, posteriormente, um livro de receitas dos pratos típicos das regiões brasileiras.

5 Leia o texto a seguir e responda.

O desenvolvimento da Região Sudeste

No início da colonização do Brasil por Portugal, a primeira vila fundada foi São Vicente, que ficava nas terras do atual estado de São Paulo. Nesse local teve início o plantio da cana-de-açúcar, para a produção do açúcar. Os portugueses colonizadores queriam encontrar ouro. Só no século XVII é que isso foi possível.

Fundação de São Vicente, 1900, de Benedito Calixto.

ACERVO DO MUSEU PAULISTA DA USP.

Nas terras do atual estado de Minas Gerais, principalmente em Vila Rica, hoje Ouro Preto, o ouro foi explorado em grande quantidade.

No final do século XVIII e início do XIX, os plantadores de cana-de-açúcar dos estados do Nordeste do Brasil decidiram expandir o cultivo desse vegetal nas áreas do atual estado do Rio de Janeiro, na região da Baixada Fluminense.

Após o sucesso do plantio, a região prosperou. Em seguida, foram instaladas também as fazendas de café na região. Essas propriedades expandiram-se para as terras do atual estado de São Paulo.

Os **fazendeiros** vendiam o café para a Europa. A cada ano, esse produto era vendido em maior quantidade, o que transformou o estado de São Paulo no maior produtor de café e com maiores chances de enriquecimento para seus produtores. O dinheiro recebido com as vendas de café foi utilizado para a instalação das primeiras fábricas, que deram origem às indústrias paulistas.

O crescimento das indústrias não parou. Até os nossos dias, é grande o número de estabelecimentos instalados no estado.

a) Escreva em seu caderno, com suas palavras, a história do desenvolvimento da Região Sudeste: que fatores foram importantes para que isso acontecesse?

b) Você mora ou conhece algum município da Região Sudeste? Que atividade econômica se desenvolve nele? Escreva no caderno.

A cultura caiçara

Uma das mais antigas culturas brasileiras, os caiçaras apresentam um forte elo entre o ser humano e os recursos naturais, uma comunidade que vive em harmonia com seu ambiente.

Atualmente é uma das poucas culturas relativamente preservadas na Região Sudeste, embora seja influenciada por contatos com o espaço urbano. No passado, no período da colonização do Brasil, vários povos indígenas foram gradativamente sendo exterminados do litoral brasileiro, deixando heranças que ainda permanecem na memória de algumas comunidades. Os caiçaras são um exemplo vivo dessa convivência índio-colono, terra-mar, que se estabeleceram nos costões rochosos, restingas, mangues e encosta da Mata Atlântica.

As comunidades caiçaras, ainda hoje, com muito esforço, tentam preservar seus valores de grupo e culturais, com traços da herança indígena e portuguesa. Vivem em praias e enseadas, geralmente de difícil acesso. Algumas delas são protegidas por Unidades de Conservação.

No passado, a comunidade tinha como principal atividade a lavoura, mas aos poucos inseriu a pesca, que passou, com o tempo, a ser a principal atividade dos caiçaras.

Na pesca de arrasto, os caiçaras seguem uma prática de distribuição dos peixes que estão na rede: um terço é dado ao dono da rede e os outros dois terços são divididos entre os que ajudaram na pescaria, até crianças.

O arrasto da rede de pesca representa um momento de congregação da comunidade: todos trabalham para o grupo. Praia do Xodó, Marataízes (ES). Foto de 2016.

A agricultura caiçara é praticada para complementar a alimentação dos pescadores. Nas hortas, cultivam mandioca, milho, cana, feijão, inhame, entre outras plantas. Entretanto, a prática agrícola vem sendo abandonada em várias comunidades que suprem a mesa com produtos comprados nas cidades mais próximas.

Ainda como tradição caiçara aparece o artesanato feito de trançado de fibras, em madeira e até conchas do mar.

O povo caiçara no litoral do Sudeste guarda preciosas tradições. A dança da fita, congada, festa do divino, chiba, dança de São Gonçalo, entre diversas outras, são expressões culturais ainda comumente praticadas. No repertório de músicas caiçaras destaca-se o fandango.

ATIVIDADES

1. Você leu um pouco sobre a comunidade caiçara. Agora, é sua vez de pesquisar em quais cidades litorâneas da Região Sudeste podemos encontrar essas comunidades.

2. Os hábitos e as tradições mantidos pelos caiçaras se parecem com o de outras comunidades que você conhece? Qual?

EU GOSTO DE APRENDER

Nesta lição, você estudou diversas questões.
- A Região Sudeste tem a maior população do país. Ela é formada por São Paulo, Minas Gerais, Rio de Janeiro e Espírito Santo. Com exceção de Minas Gerais, esses estados são banhados pelo Oceano Atlântico.
- Nessa região predominam planaltos.
- Bacias hidrográficas importantes são as do São Francisco, do Paraná, Paraíba do Sul, Ribeira e outros.
- O clima do Sudeste é predominantemente tropical de altitude, com temperaturas médias e chuvas bem distribuídas nos planaltos.
- A vegetação do Sudeste apresenta: Mata Atlântica, Cerrado, Caatinga, Vegetação Litorânea e Campos.
- No Rio de Janeiro e no Espírito Santo explora-se petróleo, com destaque para a Bacia de Campos, no litoral do Rio de Janeiro.
- A agropecuária se destaca pelo uso de modernos equipamentos, tanto no cultivo de produtos agrícolas como nos cuidados com o gado, que é principalmente de bovinos e suínos.
- A Região Sudeste é a mais industrializada do país, destacando-se a indústria de transformação.
- O Sudeste também apresenta comércio altamente desenvolvido, complexa rede de transportes, com destaque para rodovias (Presidente Dutra) e também aeroportos (Cumbica, Galeão etc.).
- As comunidades caiçaras, ainda hoje, com muito esforço, tentam preservar seus valores de grupo e culturais, com traços da herança indígena e portuguesa.

ATIVIDADES

1 Complete as frases a seguir.

a) A Região Sudeste tem o _____ número de habitantes do país. Seus estados são _____, _____, _____ e _____. Desses estados, apenas _____ não é banhado pelo Oceano _____.

b) O clima da região é principalmente _____ e o semiárido no _____.

c) Na vegetação destaca-se a _____, hoje em dia muito reduzida e presente apenas em algumas áreas de _____.

Sua diminuição ocorreu por causa do _____ ao longo dos séculos.

2 Coloque **F** para falso e **V** para verdadeiro.

☐ A Região Sudeste, economicamente, é a mais desenvolvida do país.

☐ A indústria do Sudeste é principalmente de transformação.

☐ No extrativismo, destaca-se a exploração de petróleo.

☐ A pecuária e a agricultura, ou a agropecuária, já são altamente modernizadas e voltadas para a exportação e o comércio em larga escala.

☐ Não existe industrialização no campo, nem ligada às atividades agrícolas.

3 Explique o que é agroindústria.

_____
_____
_____

4 Em relação à Região Sudeste, escreva o nome:

a) de um grande porto: _____.

b) de um aeroporto: _____.

c) de uma estrada de rodagem: _____.

d) de uma cidade histórica: _____.

e) de uma festa típica: _____.

EU GOSTO DE APRENDER +

A poluição dos rios e a crise hídrica no Sudeste

Um problema grave que afeta a população da Região Sudeste é a **poluição** de seus rios, com o desmatamento desordenado de extensas áreas, o que afeta o clima, provocando secas.

Muitos rios do Sudeste já são considerados mortos, como o Pinheiros e o Tietê, na região da Grande São Paulo. Isso significa que apenas organismos que não dependem de oxigênio, como as bactérias, conseguem sobreviver em suas águas.

Rio Tietê poluído em Salto, SP, 2014.

Entre 2014 e 2015, os reservatórios de água potável e os mananciais de diversas bacias hidrográficas reduziram-se a quase zero, provocando uma crise de seca e falta de água de dimensões inimagináveis.

Será que não há solução para esse problema?

Há, sim! Diversas cidades do mundo conseguiram despoluir seus rios, como Londres (Rio Tâmisa), Paris (Rio Sena) e muitos outros. Além disso, políticas públicas de combate ao desmatamento e de reflorestamento contribuem para garantir os regimes de chuvas normalizados.

Rio Tâmisa em Londres, que foi despoluído.

ATIVIDADES COMPLEMENTARES

1 Esse texto fala de um grave problema da Região Sudeste:

☐ Falta de emprego nas capitais dos estados.

☐ Poluição dos rios e desmatamento.

☐ Aparecimento de favelas e condições precárias de saúde.

☐ Enchentes e caos no trânsito nas grandes cidades.

2 De acordo com o texto, o problema da poluição dos rios tem solução? Explique.

_____

_____

3 Que exemplos o texto dá de rios que foram recuperados?

_____

_____

4 Faça uma pesquisa em livros, jornais ou na internet, sobre outro rio do mundo que era poluído e foi recuperado. Registre as informações no caderno.

LEIA MAIS

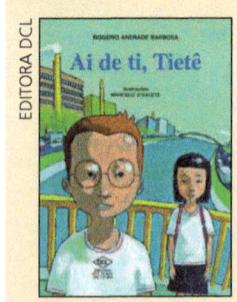

Ai de ti, Tietê

Rogério Andrade Barbosa. São Paulo: DCL, 2010.

Um garoto precisa fazer uma pesquisa sobre o Tietê e surpreende-se com o que descobre sobre esse rio. Ao mesmo tempo, ele vive um romance com uma colega, que está pesquisando sobre imigração italiana na Região Sudeste. As ilustrações têm como referência os quadros do pintor Almeida Junior sobre as monções.

LIÇÃO 8

Brasil: Região Sul

Nesta lição, vamos estudar muitos aspectos da Região Sul. Você conhece algum dos estados que a compõem? Conhece histórias, lendas ou tradições do Sul? Observe estas fotos, que mostram festas tradicionais da região que vamos estudar.

Grupo de danças Xiru, do Centro de Pesquisas Folclóricas em Santa Maria (RS).

A Expo Japão, que acontece no Paraná, é uma feira que promove e divulga a cultura japonesa.

Grupo de danças folclóricas italianas – Socitá Amici D'Italia – de São João do Polêsine (SC) em apresentação em Agudo (RS).

ATIVIDADES

Responda no caderno

- Que festas essas fotos mostram? Leia as legendas para descobrir.
- Em quais estados cada uma delas acontece?
- Na região onde você mora, há festas tradicionais? Você se lembra de alguma?

Divisão política

A Região Sul é a menor das regiões brasileiras.

Ela é formada por três estados: Paraná, Santa Catarina e Rio Grande do Sul.

Como essa região se localiza fora da zona tropical, a variação entre estações do ano são mais intensas. No inverno, por exemplo, costuma gear e até mesmo nevar.

É uma região colonizada por muitos europeus (portugueses, alemães, italianos) e há forte presença de japoneses.

Atualmente a Região Sul apresenta grande desenvolvimento econômico, com atividades industriais, comerciais e agropecuárias.

REGIÃO SUL: DIVISÃO POLÍTICA

Fonte: *Atlas geográfico escolar*. 6. ed. Rio de Janeiro: IBGE, 2012. p. 94.

Estados	Siglas	Capitais	Área (km²)	População estimada
Paraná	PR	Curitiba	199 307,939	11 320 892
Santa Catarina	SC	Florianópolis	95 737,954	7 001 161
Rio Grande do Sul	RS	Porto Alegre	281 737,888	11 322 895

Fonte: IBGE, 2017. Disponível em: <http://www.ibge.gov.br/estadosat/index.php>. Acesso em: 15 jul. 2018.

O estado do Paraná conta com rios importantes do Brasil, como o Paraná, o Iguaçu, o Ivaí, o Tibagi, o Paranapanema, o Itararé e o Piquiri. Seu relevo também se destaca por ter áreas com grandes altitudes. Além do clima temperado, esse estado apresenta pequena parte do território com altitude inferior a 300 metros.

Santa Catarina, colonizada por açorianos, alemães e italianos, é um estado de clima subtropical. Em seu planalto serrano costuma gear e nevar, mas o litoral apresenta clima mais quente, de altas temperaturas no verão. A capital, Florianópolis, localiza-se em uma ilha.

Com uma economia bastante industrializada e com grande destaque para a agropecuária, o Rio Grande do Sul é o quinto estado mais populoso do Brasil, sendo as suas maiores cidades: a capital, Porto Alegre, Caxias do Sul, Pelotas, Canoas e Santa Maria.

ATIVIDADES

1 Retome a tabela com dados dos estados da Região Sul da página anterior e responda às questões.

a) Qual é o estado de maior área?
_____

b) Qual é o estado que faz fronteira com outra região do país?
_____

c) Qual é o estado menos populoso?
_____

2 Acrescente no mapa a seguir as informações que são pedidos.

a) Oceano que banha a Região Sul.
_____

b) Siglas dos estados que se limitam com a Região Sul.
_____

c) Siglas dos estados da Região Sul.
_____

d) Capitais da Região Sul.
_____

e) Pinte cada estado do mapa a seguir com uma cor diferente e complete a legenda.

Fonte: *Atlas geográfico escolar.* 5. ed. Rio de Janeiro: IBGE, 2009.

Aspectos físicos

Relevo e hidrografia

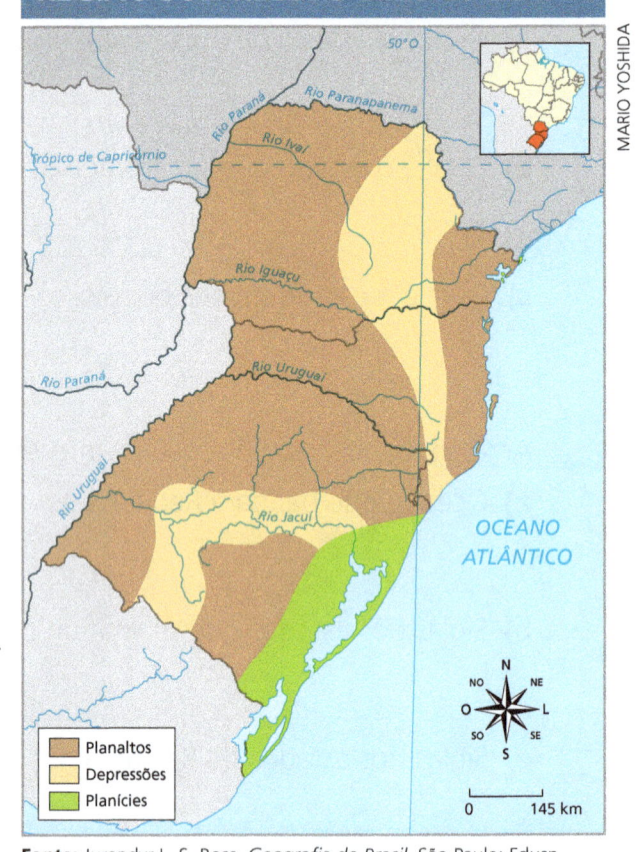

No **relevo** dessa região predominam planaltos e chapadas da Bacia do Paraná, na porção oeste de todos os estados. Há grande área com solos de terra roxa, que são muito férteis.

As menores altitudes desse relevo estão localizadas na planície das lagoas dos Patos e Mirim, no Rio Grande do Sul.

Os rios mais extensos da região são o Rio Paraná e o Rio Uruguai.

No Rio Paraná, um rio de planalto, foram construídas usinas hidrelétricas. Nele está localizada a maior usina do país: a Usina Hidrelétrica de Itaipu, que também é uma das maiores do mundo. Ela pertence ao Brasil e ao Paraguai.

Os rios Itajaí, Jacuí, Capivari, Pelotas, Camaquã e Jaguarão são utilizados para a navegação.

Clima e vegetação

O Sul é a região mais fria do Brasil. O **clima** predominante é o subtropical, com inverno rigoroso. As chuvas são bem distribuídas durante todo o ano.

Fonte: Jurandyr L. S. Ross. *Geografia do Brasil*. São Paulo: Edusp, 2009. p. 53.

No inverno, podem ocorrer geadas e até mesmo nevar em cidades de maior altitude.

O norte do Paraná apresenta o clima tropical de altitude, com duas estações: verão ameno e chuvoso e inverno seco.

A vegetação da Região Sul apresenta:
- **Mata dos Pinhais (ou de Araucária)** – principal tipo de vegetação da região. É formada por pinheiros. Muito devastada, foi nela que se iniciou o reflorestamento no Brasil.
- **Mata Atlântica** – nas encostas da Serra do Mar e da Serra Geral, já bastante devastada, assim como sua porção no Sudeste.
- **Vegetação litorânea** – mangues e vegetação de restinga nas áreas baixas do litoral.
- **Campos limpos ou campinas** – aparecem principalmente na região dos pampas. Constituem excelentes pastagens para o gado e neles cultivam-se cereais, como o trigo e o milho. Campos limpos são formados exclusivamente por vegetação rasteira. Quando têm arbustos, são chamados campos sujos.

ATIVIDADES

1 Complete as frases com informações sobre a Região Sul.

a) No relevo predominam _____ e _____.

b) Os rios mais extensos da Região Sul são _____ e _____.

c) A _____, uma das maiores hidrelétricas do mundo, está localizada no _____, que é um rio de _____.

2 Qual é o clima predominante no Sul? Descreva suas características.

_____

_____

3 Ao contrário da Região Norte, o inverno na Região Sul é mais rigoroso. Pesquise e compare a vida das pessoas da Região Sul com a vida dos habitantes da Região Norte no período de inverno (modo de vestir, alimentação, adaptação de casas etc.). Escreva no caderno.

4 Leia o texto a seguir e depois responda.

Questões ambientais na Região Sul

O Rio Iguaçu – o mais importante curso fluvial do Paraná, que atravessa o estado de leste a oeste, gera cerca de 7% de toda a energia elétrica produzida no Brasil e ainda abastece diversas cidades paranaenses […]

Poluição

O mesmo Iguaçu capaz de produzir espetáculos da natureza, como as cataratas, também sofre com a poluição, principalmente na região de Curitiba. Nessa área, conhecida como Bacia do Alto Iguaçu, ficam as nascentes do rio, de onde se tira boa parte da água que os curitibanos bebem. Principalmente por conta do **adensamento populacional**, o Iguaçu se transforma em um rio praticamente morto ao atravessar a capital paranaense: trata-se de um dos rios mais poluídos do Brasil, segundo relatório da ANA (Agência Nacional das Águas).

> **VOCABULÁRIO**
>
> **adensamento populacional**: grande concentração de pessoas.

> Mudar esse panorama é justamente o desafio do Águas do Amanhã, que pretende sensibilizar e mobilizar a sociedade paranaense na busca por soluções conjuntas em prol do rio. "Seguramente, uma população mais bem informada é uma forte aliada na solução destes problemas. Ela poderá cobrar mais das autoridades, avaliar melhor as propostas dos candidatos a cargos políticos, contribuir fazendo as ligações corretas de suas casas na rede de esgoto, bem como diminuir a produção de lixo", argumenta o engenheiro ambiental Eduardo Felga Gobbi, professor da UFPR. [...]
>
> João Rodrigo Maroni. In: *Gazeta do povo*, 14 jun. 2010. Disponível em: <www.gazetadopovo.com.br/vidaecidadania/conteudo.phtml?id=1013740>. Acesso em: 30 jun. 2018.

a) Qual é o assunto do texto?

b) O rio apresenta as mesmas características descritas no texto em toda sua extensão? Justifique.

c) Em que o adensamento populacional afetou o rio descrito?

d) Localize no texto as medidas sugeridas à sociedade paranaense sobre o rio.

e) Comente com suas palavras a frase: "O mesmo Iguaçu capaz de produzir espetáculos da natureza, como as cataratas, também sofre com a poluição".

Aspectos econômicos

A **economia** da Região Sul apresenta grande desenvolvimento. Na agricultura, a produção de grãos abastece mais da metade do mercado brasileiro. Na indústria, destacam-se as têxteis, as de automóveis, calçados, alimentos e outras. A pecuária apresenta grandes rebanhos. O extrativismo vegetal é expressivo, com a erva-mate e as madeiras provenientes de pinheiros.

Extrativismo vegetal

Destaca-se a exploração de madeira da Mata dos Pinhais. Os pinheiros fornecem madeira para fabricação de material de construção e móveis e celulose para a produção de papel. A erva-mate, também retirada da Mata dos Pinhais, é usada para fazer chá-mate e chimarrão.

Extrativismo animal

A pesca é uma atividade econômica importante na região. Santa Catarina e Rio Grande do Sul produzem principalmente crustáceos, como camarão, caranguejo, lagosta e moluscos, além de ostras.

Barcos de pesca na Praia dos Ingleses, Florianópolis (SC).

Extrativismo mineral

O produto mais explorado nessa região é o carvão mineral, utilizado para a obtenção de energia e para a fabricação do aço. É extraído principalmente em Santa Catarina, mas também é encontrado no Rio Grande do Sul. O cobre e o xisto betuminoso também são minerais extraídos na região.

Agricultura e pecuária

A **agricultura** e a **pecuária** são as principais atividades econômicas. Nessa região, a agricultura tem excelente produção por causa do solo fértil e às modernas técnicas de cultivo.

O Sul é responsável por mais da metade da produção nacional de trigo, soja, uva, milho, centeio, cevada, aveia e fumo. A região também é grande produtora de café, arroz, feijão, **sorgo** e algodão.

A pecuária também é uma atividade bastante desenvolvida e conta com excelentes pastagens nessa região. Os principais rebanhos são os de bovinos para corte (RS) e de suínos (SC). A criação de ovinos e de aves também é uma das maiores do Brasil. Santa Catarina tem a maior produção nacional de mel. E o Paraná é o estado que mais produz **casulos** de seda no Brasil.

> **VOCABULÁRIO**
>
> **sorgo:** planta semelhante ao milho, muito utilizada para a produção de farinha.
> **casulo:** revestimento construído pela larva do bicho-da-seda, a partir do qual se fabrica a seda.

Criação de carneiros no Paraná, 2017.

Indústria, comércio e transportes

A **indústria** da Região Sul é a segunda mais desenvolvida do Brasil.

As indústrias de produtos alimentícios, papel, bebidas, madeira e móveis, calçados, fumo, têxteis, química e petroquímica são as principais da região.

O comércio da região é muito ativo. Seus principais produtos são: carne, lã, madeira, celulose, carvão, cereais, produtos têxteis e alimentícios.

Os produtos comprados são máquinas e acessórios industriais, produtos químicos e veículos.

A Região Sul é bem servida por uma moderna rede de transportes. O transporte rodoviário é o mais utilizado.

As ferrovias são utilizadas principalmente para o transporte de produtos até os portos.

A Estrada de Ferro Dona Teresa Cristina liga a região produtora de carvão de Criciúma (SC) ao Porto de Imbituba, no mesmo estado.

A **navegação marítima** é muito importante para o comércio de exportação. Os principais portos são: Porto Alegre (RS), Paranaguá (PR), São Francisco e Itajaí (SC) e Rio Grande (RS).

A **navegação fluvial** é feita principalmente nos rios Paraná, Itajaí, Jacuí, Ibijaú e Ibicuí.

A **navegação lacustre** acontece basicamente na Lagoa dos Patos (RS).

Os aeroportos mais importantes são os das capitais: Curitiba (PR), Florianópolis (SC) e Porto Alegre (RS).

Ponte Anita Garibaldi sobre o canal das Laranjeiras em Laguna (SC), 2016.

ATIVIDADES

1 Complete.

a) As principais atividades econômicas da Região Sul são a _____ e a _____, por causa do _____ e ao _____.

b) A navegação marítima é importante porque transporta os produtos que serão _____.

c) As ferrovias são utilizadas para _____.

2 O que é, o que é? Descubra e escreva o nome.

a) Produto agrícola cultivado no Sul e utilizado na indústria têxtil.

_____

b) Os principais rebanhos da região Sul.

___

c) Minério mais extraído no Sul.

___

3 Associe os produtos com os respectivos tipos de atividades extrativistas:

- a vegetal
- b animal
- c mineral

☐ erva-mate   ☐ carvão

☐ cobre   ☐ crustáceos

☐ madeira   ☐ xisto

4 No inverno, para onde um turista poderia ir na Região Sul? O que haveria de atrativo nesses locais? Responda no caderno.

Aspectos humanos

Muitos descendentes de imigrantes europeus vivem na Região Sul. Imigrantes açorianos (da Ilha dos Açores, Portugal), alemães e italianos foram se estabelecendo em diversos pontos dos três estados, dedicando-se à agricultura e ocupando o território. No Paraná houve também a fixação de colônias japonesas, que desenvolveram atividades agrícolas.

O litoral e as capitais são as áreas mais povoadas.

Alguns trabalhadores típicos no Sul:

- **gaúcho** – primitivamente, essa palavra significava o habitante do campo, descendente, na maioria, de indígenas, de portugueses e de espanhóis. Também queria dizer aquele que era natural do interior do Uruguai e de parte da Argentina ou peão de estância; cavaleiro hábil. Atualmente a palavra designa o nascido (gentílico) no Rio Grande do Sul, mas também pode se referir ao cavaleiro ou peão.
- **ervateiro** – aquele que negocia com erva-mate ou se dedica à colheita e preparação desse vegetal;
- **madeireiro** – negociante de madeira; cortador de madeira nas matas; aquele que trabalha com madeira;
- **pescador** – se dedica à pesca.

Ervateiro desfolhando galhos em Concórdia (SC), 2012.

Aspectos culturais

As trocas culturais entre os diversos grupos de imigrantes que povoaram a Região Sul deram origem a uma cultura típica do sul do Brasil, com influência na língua, nos costumes, nas festas, na arquitetura etc.

As marcas da presença dos imigrantes aparecem em cidades originárias de colônias alemãs como São Leopoldo e Novo Hamburgo, no Rio Grande do Sul, e Pomodore, Blumenau, Itajaí, Brusque e Joinville, em Santa Catarina. A imigração italiana também está presente em cidades como Bento Gonçalves, Caxias do Sul e Garibaldi, no Rio Grande do Sul, e Treviso, em Santa Catarina, por exemplo.

Mas há marcas de outros grupos como ucranianos, poloneses, russos e japoneses que ocuparam algumas partes do estado do Paraná.

A manutenção dessas colônias interferiu nas características arquitetônicas e culturais de algumas cidades. Em Santa Catarina, cidades como Blumenau concedem descontos em impostos obrigatórios para as construções de casas em estilo enxaimel, um modelo de arquitetura europeia.

Casa em estilo enxaimel na cidade de Joinville (SC). Foto de 2018.

Leia os dois textos a seguir que caracterizam dois modos de vida de áreas de colonização por imigrantes.

Memórias da colônia alemã de Pomerode

A cidade de Pomerode, que teve sua emancipação recentemente, em 1959, foi desde cedo uma comunidade diferente, seus fundadores e colonizadores foram imigrantes germânicos da região norte da Alemanha e da região da Pomerânia, o que fez da cidade uma pequena Alemanha no Brasil.

Atualmente conservam as tradições do país de origem de seus pais, avós e bisavós; tradições essas que aprenderam dentro de casa, no convívio diário e na igreja. É uma cidade brasileira com traços típicos germânicos, onde o português é a língua oficial, mas o alemão e o *pommersch* (espécie de dialeto) se aprendem em casa. Em Pomerode 85% dos moradores falam a língua alemã.

A população valoriza suas tradições culturais e a memória dos seus antepassados como forma de referência e identidade sem abdicarem de suas condições de brasileiros.

Portal da cidade de Pomerode (SC). Foto de 2017.

Fonte: Memórias da Colônia Alemã de Pomerode, de Andreia Rezende Rocha, Patricia Iost. Disponível em: <http://www.inicepg.univap.br/cd/INIC_2008/anais/arquivosINIC/INIC0705_01_A.pdf>. Acesso em 30 jul. 2018.

Colônia Muricy

Localizada na área rural em São José dos Pinhais, no Paraná, esta colônia é formada por pessoas de origem polonesa e italiana. A população dedica-se a plantios de hortaliças, criação de aves, bovinos e suínos. A produção de leite é a segunda fonte de renda das famílias. Boa parte do que é produzido na Colônia Muricy serve para abastecer Curitiba.

▶ Todos os anos, em fevereiro, a população organiza a festa da colheita, uma tradição do povo polonês. Na festa, misturam-se aspectos religiosos, culturais e sociais, com uma procissão dos agricultores, um desfile de carroças, tratores, caminhões e cavalos com as pessoas em trajes típicos da Polônia, em uma representação dos primeiros imigrantes poloneses que vieram para o Brasil em 1878. Na festa há comidas típicas e apresentação de músicas e danças tradicionais do povo polonês.

Foto da festa da colheita na Colônia Muricy (PR). Participante degustando suco de uva.

Fonte: Colônia Muricy – São José dos Pinhais. Disponível em: <http://www.curitibacity.com/pt/teatros/84-colonia-muricy-sao-jose-dos-pinhais.html>. Acesso: em 30 jul. 2018.

ATIVIDADE

1. Nas diferentes regiões do Brasil estão presentes comunidades que mantêm hábitos e costumes de geração para geração e se manifestam nos aspectos culturais e sociais, por meia da língua, da música, da dança folclórica, nas comidas típicas, na forma como organizam a economia local, nas relações humanas e nos estilos das construções.

    Agora, é sua vez de organizar um texto abordando qual comunidade, da região onde você vive, influencia os hábitos e costumes dos moradores da sua cidade. Qual desses hábitos e costumes, herança acumulada ao longo dos anos, você considera que devem ser preservados. Justifique sua resposta.

O folclore e a culinária

O folclore foi muito influenciado pelos europeus que foram morar na região. Destacam-se:

- **danças** – congada, cateretê, chula, chimarrita, jardineira, marujada, balaio, boi de mamão, pau de fita. Essas danças são de origem açoriana, portuguesa ou indígena.
- **festas** – de Nossa Senhora dos Navegantes, em Porto Alegre (RS), de influência portuguesa; da Uva, em Caxias do Sul (RS), de influência italiana; festas juninas; rodeios (portugueses).
- **lendas** – do negrinho do pastoreio, do Sepé-tiaraju, do boitatá, do boiguaçu, do curupira, do saci-pererê etc. Um escritor gaúcho chamado João Simões Lopes Neto (1895-1916) registrou em sua obra a maioria das lendas tradicionais do Sul. Essas lendas possuem tradição portuguesa, indígena e africana.
- **artesanato** – cerâmica, artigos em couro e lã. Essas práticas foram levadas à região pelos imigrantes europeus e mescladas às práticas dos povos indígenas que ali viviam.

Artesanato de palha em Fliorianóplois (SC), 2018.

Na culinária encontramos pratos típicos como: churrasco, arroz de carreteiro, marreco, galeto, barreado, bijajica (bolinho feito com polvilho, ovos e açúcar, frito em banha, típico da região serrana) e outros.

O barreado é mais comum no Paraná, preparado com carne de vaca, toucinho e temperos, em uma panela de barro que fica enterrada sob uma fogueira por 12 horas.

Em Santa Catarina são mais comuns pratos à base de peixe e de camarões, enquanto no Rio Grande do Sul são famosos os churrascos e o preparo de carnes com sal grosso.

A bebida típica, em especial no Rio Grande do Sul, é o chimarrão, um tipo de chá quente preparado com erva-mate e consumido em uma cuia.

ATIVIDADES

1. Descreva como é formada a população da Região Sul e onde ela se concentra.

_____
_____
_____
_____

2. No Paraná, além da imigração de europeus, que outro povo migrou para lá e se dedicou às atividades agrícolas?

_____

3. As danças e as festas no Sul têm forte influência europeia, principalmente de açorianos, italianos e alemães. Cite duas festas típicas e o povo que trouxe essa tradição.

_____
_____
_____

4. As lendas da Região Sul foram registradas por um famoso escritor gaúcho? Qual o nome dele?

_____

5. Cite três lendas sulistas. Você as conhece? Se não conhece, pesquise na internet e registre em seu caderno as histórias.

6. Pesquise em livros ou na internet a receita de um prato típico da culinária da Região Sul. Registre em uma folha de papel sulfite e ilustre-a com fotos. Em sala de aula, socialize-a com o professor e com os colegas. Juntos, reúnam todas as receitas coletadas das demais regiões brasileiras e finalizem o livro de receitas. Elaborem uma capa e deixem o livro na biblioteca da escola para consultas de outros alunos e demais pessoas da comunidade.

EU GOSTO DE APRENDER

Leia o que você estudou nesta lição.

- É a menor das regiões brasileiras é formada por Rio Grande do Sul, Santa Catarina e Paraná, onde predominam planaltos e chapadas. Destacam-se solos de terra roxa, muito férteis.

- Rio Paraná e Rio Uruguai são os mais extensos da região. No Paraná há diversas usinas hidrelétricas, inclusive a Itaipu.

- As menores temperaturas ocorrem no Sul. O clima é subtropical com inverno rigoroso e chuvas bem distribuídas durante o ano.

- Quanto à vegetação, destacam-se: Mata dos Pinhais ou das Araucárias, Mata Atlântica, Vegetação Litorânea e Campos Limpos ou Campinas (vegetação rasteira).

- Na Mata dos Pinhais destaca-se o extrativismo vegetal. No extrativismo animal destaca-se a pesca. No extrativismo mineral, temos a predominância do carvão mineral, extraído em Santa Catarina e Rio Grande do Sul. O cobre e o xisto também são explorados.

- As principais atividades econômicas são a pecuária e a agricultura. O comércio é muito forte, e o transporte rodoviário é o mais utilizado. Já as ferrovias escoam produtos para os portos.

- A navegação é marítima, fluvial e lacustre, e é importante para o comércio.

- A população do Sul é descendente, principalmente, de europeus e habita mais o litoral e as capitais. Em menor número há descendentes de africanos, indígenas e mestiços.

ATIVIDADES

1 Escreva o que se pede.

a) Tipo de relevo que predomina a oeste dos estados do Sul: _____
_____.

b) Tipo de relevo no entorno das lagoas dos Patos e Imirim: _____
_____.

c) Tipo de solo existente na região que é bom para a agricultura _____
_____.

d) Rio de planalto onde se encontram usinas hidrelétricas: _____
_____.

e) Maior hidrelétrica do Brasil, também pertence ao Paraguai e está na Região Sul: _____.

2 Quanto à vegetação, sublinhe o que se destaca no Sul:

> Floresta Amazônica   Mata Atlântica   Cerrado   Caatinga
> Campos Limpos   Mata dos Pinhais ou de Araucária   campos sujos

3 Marque a frase correta sobre o clima da Região Sul.

☐ Nessa região ocorrem temperaturas baixas, podendo até nevar em alguns locais.

☐ Nessa região os invernos são muito chuvosos, com inundações frequentes.

☐ Os três estados encontram-se em área de clima tropical úmido.

☐ Por causa da localização, a Região Sul é seca, com clima parecido ao de desertos.

4 O que se pode destacar sobre a industrialização da Região Sul?

_____
_____
_____
_____
_____

EU GOSTO DE APRENDER+

Alemães no Rio Grande do Sul

Em 2014, fez 190 anos que iniciou a imigração alemã para o Rio Grande do Sul. No ano de 1824, foi fundada a Colônia de São Leopoldo. Nessa época, os alemães vinham de diversas regiões da Europa, inclusive do território onde hoje existe a Alemanha, que naquela época não era um país unificado. Eles tinham profissões variadas, mas a maioria veio para trabalhar na agricultura.

No Sul, tornaram-se donos de pequenas propriedades e também fundaram fábricas e oficinas artesanais, para a produção de roupas, sapatos, bebidas, produtos de olaria e de couro.

Com o tempo eles se misturaram com pessoas de outros povos que também viviam no Rio Grande do Sul: indígenas, africanos, portugueses, espanhóis, italianos. Dessa maneira, contribuíram com muitos hábitos e costumes para a formação da cultura gaúcha.

ATIVIDADES COMPLEMENTARES

1. De acordo com o texto, qual foi a primeira colônia alemã fundada no Rio Grande do Sul?

_____

2. De onde vinham os alemães que se dirigiram para o Rio Grande do Sul no século XIX? Já existia o país Alemanha?

_____

LEIA MAIS

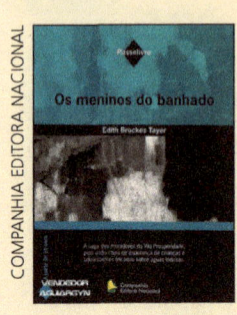

Os meninos do banhado

Edith Brockes Tayer. São Paulo: Companhia Editora Nacional, 2007.

A vida de crianças e adolescentes de um bairro de periferia do Sul do Brasil é a matéria-prima deste romance. Temas universais como o bem e o mal, a solidariedade, a sabedoria popular e as relações familiares são tratados com honestidade e singeleza.